中小企業の経理能力UPと不正防止のための

自主点検
チェックシートの完全ガイド

上西　左大信 [編著]

後藤　敬介・武智　寛幸・友松　悦子
西村　智子・野村秀次郎・藤田　隆大 [共著]

税務研究会出版局

はしがき―「自主点検チェックシート」の活用を―

　中小企業において、内部統制と経理能力の水準を向上させることは、会社を発展させる基礎となります。

　税理士は、中小企業の月次の試算表、決算書及び申告書等を作成する過程において、税務や会計のほかに経営に役立つ助言を行っています。また、各中小企業団体は、中小企業の成長・発展等のために各種の支援活動を実施しています。

　しかし、内部統制と経理能力の水準を向上させるためのツールで、公的に認められ、かつ、広く利用されているものは存在しませんでした。個々の中小企業が経験則に基づいて実務の中で手順や確認項目を定着させていたり、税理士が顧問先を指導する中でノウハウを蓄積するなど、独自の手法に依拠しているのが実態でした。

　そのような状況の中、平成26年1月に公益財団法人全国法人会総連合が中心となって、「自主点検チェックシート」及び「自主点検ガイドブック」を作成しました。作成に際しては、日本税理士会連合会が監修し、国税庁が後援していますので、中小企業の内部統制と経理能力の水準を向上させるための事実上の公的なチェックシートであるといえます。この「自主点検チェックシート」は、83項目で構成されており、中小企業が無理なく利用できる項目を選定しています。そして、平成26年4月以降、全国的に運用されており、関係者が利用を推奨しているところです。

　また、入門編的なものを要望する声があったことに応えて、企業規模や業種を問わず、より多くの企業が取り組めるように、基本的な45項目（選択チェック項目含む）を選定した「自主点検チェックシート（入門編）」と「自主点検ガイドブック（入門編）」が平成27年4月に公表されました。

いずれも中小企業や小規模企業の実態と水準を考慮して作成されているものです。内部統制と経理能力の水準を向上させることは、自社の成長の基礎となり、金融機関に対する信用が増加し、ひいては税務リスクの軽減につながることも期待されます。これらのチェックシートは、中小企業が自主的に企業内部で利用するものですが、税理士が顧問先である中小企業に周知し、中小企業の経理担当者に利用することの有益性や各項目の内容を指導することも、普及と定着のためには必要と考えられます。

　そこで、私たちは、このたび、中小企業においてこれらのチェックシートが利用され、全国的に普及することを願って、本書を執筆いたしました。税理士、税理士事務所の職員、中小企業の経理担当者に本書が幅広く利用され、中小企業の内部統制と経理能力の水準が向上するために役立つことができれば幸いに思います。

平成 27 年 11 月

著者一同

目　　次

第1章　総論 …………………………………………………… 1

第2章　各論 …………………………………………………… 9

Ⅰ　社内体制 ………………………………………………… 10
文書管理
1. 領収書等の定型化と保管 ………………………………… 10
2. 重要な書類の保管 ………………………………………… 12
3. 通帳・小切手帳・手形帳の保管 ………………………… 14
4. 小切手帳・手形帳の控えの保管 ………………………… 16
5. 書損じた小切手・手形の取扱い ………………………… 18
6. ネットバンクの ID・PW の保管 ………………………… 19
7. ネットバンクの送受金の確認体制 ……………………… 21
8. 注文書・納品書・請求書の整理・保存 ………………… 23
9. 株主総会・取締役会の議事録の作成・保存 …………… 25
10. 申告書・届出書等の控えの保存 ………………………… 28
11. 継続的取引の契約書の作成 ……………………………… 29

Ⅱ　貸借関係（資産科目） ………………………………… 31
現預金・小切手・受取手形
12. 手許現金と帳簿の残高の一致 …………………………… 31
13. 高額・予定外の支払理由の明確化 ……………………… 34
14. 通帳と帳簿の残高の一致 ………………………………… 36
15. 受取手形の現物と補助簿の定期的な照合 ……………… 39

売掛金・未収金

- ⑯ 売掛一覧表と請求残高の確認 …………………………… 42
- ⑰ マイナス残高の理由の明確化 …………………………… 44
- ⑱ 回収の遅延理由の明確化 ………………………………… 46
- ⑲ 入金条件の変更理由の明確化 …………………………… 47
- ⑳ 期末の締め後の取引の計上 ……………………………… 48
- コラム 「帳端」とは？ ……………………………………… 49

棚卸資産

- ㉑ 実地棚卸の定期的な実施 ………………………………… 51
- ㉒ 棚卸表の原始記録の保存 ………………………………… 58
- ㉓ 陳腐化在庫の区分 ………………………………………… 59
- ㉔ 期末の預け在庫・預かり在庫の確認 …………………… 63
- ㉕ 期末の積送品の確認 ……………………………………… 64
- ㉖ 自社消費等の売上計上 …………………………………… 65

貯蔵品

- ㉗ 商品券・印紙・切手等の管理 …………………………… 66

仮払金・前渡金・前払費用・立替金

- ㉘ 相手先・金額・内容の個別確認 ………………………… 68
- ㉙ 多額化している科目等の確認 …………………………… 72

固定資産

- ㉚ 付番管理と配置表の作成 ………………………………… 73
- ㉛ 現物と補助簿の定期的な照合 …………………………… 76

有価証券・出資金・会員権

- ㉜ 名義の適切な変更 ………………………………………… 79

貸付金

- ㉝ 契約内容の確認・貸付理由の明確化 …………………… 82
- ㉞ 回収の遅延理由の明確化 ………………………………… 83
- ㉟ 受取利息の適正な利率での計上 ………………………… 85

36 定期的な残高確認の実施 …………………………………… 86

Ⅲ 貸借関係（負債・資本科目） …………………………… 87
支払手形
37 補助簿と発行控の定期的な照合 ……………………………… 87
買掛金・未払金・未払費用
38 買掛一覧表と請求金額の確認 ………………………………… 90
39 マイナス残高の理由の明確化 ………………………………… 93
40 支払の遅延理由の明確化 ……………………………………… 96
41 支払条件の変更理由の明確化 ………………………………… 97
42 期末の締め後の取引の計上 …………………………………… 98
43 1年経過した未払配当の源泉徴収 …………………………… 100
前受金・仮受金・預り金
44 相手先・金額・内容の個別確認 ……………………………… 102
45 多額化している科目等の確認 ………………………………… 104
46 納付遅延の預り金の確認 ……………………………………… 106
借入金
47 契約内容の確認・借入理由の明確化 ………………………… 108
48 支払利息の適正な利率での計上 ……………………………… 110
49 定期的な残高確認の実施 ……………………………………… 111

Ⅳ 損益関係 ……………………………………………………… 112
売上
50 売上計上基準に基づく計上 …………………………………… 112
51 値引き・割引・割戻し等の承認 ……………………………… 115
52 相殺前の金額での両建て計上 ………………………………… 118
売上原価・製造原価・工事原価
53 仕入計上基準に基づく計上 …………………………………… 120

54	固定資産に計上すべきものの確認	125
55	専属の外注先と従業員の区分	127
56	値引き・割引・割戻し等の処理	130

役員報酬

| 57 | 株主総会の決議等に基づく支給 | 133 |

給料・賞与

58	労働者台帳（名簿）の作成	138
59	扶養控除等申告書等の保存	140
60	出勤簿・タイムカードの作成・保管	143

福利厚生費

| 61 | 源泉徴収が必要となる支出の確認 | 146 |

旅費交通費

| 62 | 実費精算又は出張旅費規程に基づく支出 | 152 |

交際費

63	参加人員・相手先・支出内容の明確化	155
コラム	交際費	161
64	渡切交際費の確認	163

賃借料

65	契約者・支払内容・金額・期間の確認	165
66	賃借物件の使用目的の明確化	168
67	敷金・権利金等の資産性の確認	169

保険料

| 68 | 支払保険料の資産性の確認 | 171 |
| 69 | 期末の保険積立金の残高確認 | 174 |

経費全般

70	支払先が不明なものの内容の確認	176
71	領収書の宛名の確認	178
72	自己負担・交際費の該当性の確認	180

73	修繕費等の資料の保存	182
74	前払費用の適切な区分	186
75	繰延資産の確認	187

雑収入・雑損失

76	スクラップ等の売却の書類の保存	191
77	固定資産の売却等の書類の保存	193
78	期末の外貨建債権債務の書類の保存	194

V その他（消費税・印紙税） … 196

消費税

79	課税売上げ等の課税区分の明確化	196
80	課税仕入れ等の課税区分の明確化	200
81	売却した固定資産の書類の保存	202

印紙税

| 82 | 契約書への印紙の適正な貼付等 | 203 |
| 83 | 領収書等への適切な印紙の貼付等 | 209 |

第3章 自主点検チェックシートと自主点検ガイドブック … 211

- 自主点検チェックシート … 212
- 自主点検ガイドブック … 225
- 自主点検チェックシート【入門編】 … 238
- 自主点検ガイドブック【入門編】 … 248

第4章　週刊「税務通信」企画鼎談
　　　　「企業の税務コンプライアンスの
　　　　向上のための取組み」について............257

本書の内容は、原則として平成27年11月1日現在の法令通達等に基づいています。

第1章
総論

会計の手順と帳簿組織の概要は次のとおりです。

1 会計の手順

【仕事の内容】…公金（会社のお金）と私金（自分のお金）はキッチリ区別し、立替はしないように気をつける。

1. 経費の精算及び領収書の整理
2. 「実際の現金」と「入力や記帳（以下単に「入力」といいます）した現金の元帳残高」の照合
3. 預金通帳の入力
4. 売上に対する売掛金の入力
5. 仕入に対する買掛金の入力
6. 給料に関する仕訳の入力

【手順】
1. 経費の精算及び領収書の整理

　事務所で必要な備品の購入や、従業員が会社の経費となるものを立替払いしたときには、領収書と引替えに現金を出金します。

2. 「実際の現金」と「入力した現金の元帳残高」の照合
　(1) 経費の支払いがあれば、出金伝票を記載し、現金を支払います。現金の入出金があった日には、現金の入力を行います。その入力データの残高と実際の現金有高の照合をします。銀行への入出金がある場合は、預金の入力データと預金通帳の残高を照合します。
　　※　現金の入出金の日と領収書の日付が相違する場合は、入力時の日付は現金の入出金日にし、摘要欄に領収書の日付を入れてください。

<例>

① 平成27年8月9日の実際の現金残高も、現金の元帳残高も54,430円である。

元　帳
111 現金

平成27年8月1日～平成27年8月31日

NO	27年月日	相手科目	摘　　要	借　方	貸　方	差引金額
			前月より繰越			89,781
1	8.8	水道光熱費	電気代		9,733	80,048
2	8.9	通信費	携帯電話代		25,618	54,430
			※※月計※※	0	35,351	

② 8月10日に82円切手を10枚、合計820円を現金で買った。

第1章　総　論　　3

③ 直ちに、会計ソフトに入力をした。現金の実際残高は 53,610 円であり、現金の元帳残高 53,610 円と合っていることを確認した。

元　帳
111 現金

平成 27 年 8 月 1 日～平成 27 年 8 月 31 日

NO	27年 月日	相手科目	摘　　　要	借　方	貸　方	差引金額
			前月より繰越			89,781
1	8.8	水道光熱費	電気代		9,733	80,048
2	8.9	通信費	携帯電話代		25,618	54,430
3	8.10	通信費	切手代		820	53,610
			※※月計※※	0	36,171	

（2）手元の実際の現金有高が少なくなってきたら、預金から引出しをして現金の補充をします。また、売上の入金などで、実際の現金が多くなれば、銀行へ預け入れます（入出金があった日には、実際の現金有高と入力データの残高の照合をします）。

3. 預金通帳の入力

（1）通帳はできるだけこまめに記帳します。

（2）記帳されている取引をそのままの日付と金額で入力します。

（3）預金の入力データと通帳の残高を照合します。

　　ただし、給料や借入金の返済などの仕訳は次のように複数の組み合わさった仕訳になります。このような仕訳を「複合仕訳」や「諸口仕訳」

などと呼びます。

借方		貸方	
借入金	100,000	（諸口）	
支払利息	11,513	（諸口）	
（諸口）		普通預金	111,513
合計	111,513	合計	111,513

　上記の借入金の返済仕訳のように、1つの取引であっても、相手勘定が2つのものは、1本の仕訳では入力できません。こういった複数の仕訳には、例えば、給料、ローンの返済、リースの支払い、源泉徴収する士業への支払いなどがあります。

4. 売上に対する売掛金の入力
 (1) 本来、当月の売上になるもので、当月に入金されなかったものは売掛金として月末などの締日に「売掛金 ／ 売上」で入力します。
 (2) 上記(1)の入金があったら、「現金（もしくは預金） ／ 売掛金」として入力します。

5. 仕入に対する買掛金の入力
 (1) 商品の仕入れなどをした場合に、商品と引替えに支払わなかったときは「仕入 ／ 買掛金」で入力します。
 (2) 上記(1)の支払いをしたら、「買掛金 ／ 現金（もしくは預金）」として入力します。

6. 給料に関する仕訳の入力
　給料の明細や集計表から入力します。仕訳については次の見本を参照してください。なお、「振り込んだ金額の合計額」と「給料集計表の実際支払額の合計額」が一致していることを確認することは非常に重要です。

借方		貸方	
給料	300,000	（諸口）	
交通費	20,000	（諸口）	
（諸口）		源泉預り金	6,750
（諸口）		社保預り金	43,641
（諸口）		住民税預り金	8,000
（諸口）		普通預金	261,609
合計	320,000	合計	320,000

2 帳簿組織

会計帳簿にはいろいろな種類があります。

基本的には、次の流れで帳簿は作成されます。

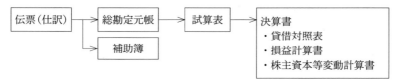

なお、手書きで記帳している場合には、一定の補助簿を先に作成し、合計で仕訳をする実務もあります。

総勘定元帳だけでは、管理上不便なため、次のような補助簿（補助元帳や補助記入帳ともいいます）を実務的には多く作成します。

補助簿とは、主要簿である総勘定元帳を補助するために作成される会計帳簿をいいます。総勘定元帳には企業のすべての取引が記録されますが、特定の取引や勘定についての明細を記録し、主要簿の不十分なところを補うために使用されます。

また、補助簿はさらに補助記入帳と補助元帳に分類されます。補助記入帳は特定の取引について、その取引の明細を記録する帳簿をいい、補助元帳は特定の勘定科目の内訳明細を記録する帳簿をいいます。

補助簿の例	記帳内容
現金出納帳	現金の入出金を行った時に取引内容、金額、残高などを取引の発生順に記帳します。
預金出納帳	普通預金、当座預金の入出金等を行った時に取引内容、金額、残高などを取引の発生順に記帳します。
売上帳	売上が発生した時やその値引や返品があった時に取引内容、金額などを取引の発生順に記帳します。
仕入帳	仕入が発生した時やその値引や返品があった時に取引内容、金額などを取引の発生順に記帳します。
受取手形記入帳（40頁参照）	受取手形を受け取った時には、取引内容、支払人、振出人、振出日、金額などを記帳し、決済等されたときには日付と顛末（結果）を記載します。
支払手形記入帳（89頁参照）	支払手形を振り出した時には、取引内容、受取人、振出人、振出日、金額などを記帳し、決済等されたときには日付と顛末（結果）を記載します。
売掛金元帳（得意先元帳）	売掛金が増減した時に得意先ごとに取引内容、取引金額、残高を取引の発生順に記帳します。
買掛金元帳（仕入先元帳）	売掛金が増減した時に仕入先ごとに取引内容、取引金額、残高を取引の発生順に記帳します。
商品有高帳	商品の受入や払出しをした時に商品の種類ごとに取引内容、数量、単価、金額、残高などを記帳します。

第2章
各 論

I 社内体制

1 文書管理
領収書等の定型化と保管

✓ チェックシートの点検項目

科目等		点 検 項 目
文書管理	1	自社で使用する領収書等は定型化され、担当者の責任の下に保管されていますか。

▶ ガイドブックの具体的な点検内容・解説

具体的な点検内容	解　説
会社名は印刷されていますか。自由に持ち出しされる可能性はありませんか。	会社名を騙られることを防止します。内部の不正等を未然に防止します。一連番号が付されていれば、なお良いでしょう。

·············· 解　説 ··············

1 領収書

(1) 領収書の発行

売上代金を現金で直接収納した場合や、得意先から売掛金が金融機関の口座に振込みがあった場合には支払者の求めに応じて、又は契約内容に基づいて領収書を発行するのが通例です。

(2) 定型化された領収書の作成

市販の領収書に社名を手書きしたり、ゴム印を押したりして、利用している事例があります。それ自体は、領収書として有効なものです。

しかし、支払者の受ける印象や会社に対する信頼性等を考えると、定型化された領収書を継続して利用し、その領収書には会社名・所在地・電話番号等が印刷されていることが望ましいといえます。

領収書に一連の番号が付されていれば、より適切な管理につながります。

（3）領収書の保管

　領収書は代表者や経理責任者が保管し、番号順に利用します。自由に持ち出しができるようになっていると、領収書が不正に利用される可能性があります。また、領収書は控えが残る複写式のものを利用し、領収書の控えは別の担当者が確認する体制が望ましいといえます。

　また、会社の所在地で現金収納をする場合や金融機関の口座に振り込まれて領収書を発行する場合は、番号の若い（小さい）ものから順に利用することになります。営業担当者やルートセールスの係が得意先で集金をする業態である場合には、各社員がどの領収書綴りを保管しているのかの管理をきっちりとすることも必要です。手書きの領収書を用いる場合は、複写式のものにして、発行した領収書の控えを会社で保管できるものの方が管理上優れているといえます。

2 請求書ほか

　定型化したもので、担当者の責任の下に保管すべきもので領収書以外のものとして、請求書・納品書・納品書の控え・物品受領書などがあります。多くの場合は、「納品書控え・請求書・納品書」の３枚複写か「納品書控え・請求書・納品書・物品受領書」の４枚複写のものです。これらも領収書と同様に、印刷業者に名入れしてもらうことが適切です。会社独自のものを作成することのほか、市販のものに印刷することもできます。

文書管理
2 重要な書類の保管

☑チェックシートの点検項目

科目等		点検項目
文書管理	2	重要な書類等（現金、通帳、権利証等）は金庫に保管・施錠し、鍵は適切に保管されていますか。

▶ガイドブックの具体的な点検内容・解説

具体的な点検内容	解説
施錠されないところに保管されていませんか。 未使用の小切手帳や手形帳も管理していますか。 誰でも開けられるようになっていませんか。	盗難被害を小さくします。 内部の不正等を未然に防止します。 鍵の管理を徹底すると、責任の所在が明確になります。

·········· 解 説 ··········

1 重要な書類等の明確化

　現金や通帳などの重要な書類等は紛失を未然に防止するため、保管を厳格に行う必要があります。そのためには、まずどのようなものが重要書類に該当するかを明確にする必要があります。通常の場合は、次のものが該当します。

●重要な書類等の例

| □現金 | □通帳 | □権利証 | □手形帳 | □小切手帳 | □領収書等 |

　個人情報や特定個人情報（個人番号と個人番号が含まれている情報）も重要な書類となります。

② 保管場所

重要な書類等は、安全に保管しなければなりません。そのため、保管場所を明確にする必要があります。

会社の実情に応じて、施錠できるロッカーや机の引出しも選択肢になると考えられますが、保管は金庫で行われることが一般的であり適切です。

●保管場所の例

保管場所	保管方法
金庫、ロッカー、机の引出し	施錠し、鍵は代表者又は経理責任者が保管する。
金融機関の貸金庫	保管・引出しは代表者又は経理責任者が行う。

(注) 権利証や証書形式の定期預金などの重要書類については、コピーを会社内に保管し、原本は銀行等の貸金庫に預ける方法もあります。

③ 鍵の管理

重要な書類等の保管場所の鍵については、代表者又は経理責任者が管理するのが通例です。また、鍵については、最近では、金属の鍵のほか、カードキーや指紋認証による鍵が使用されます。金属の鍵、カードキー、指紋認証となるにしたがって、不正等が防止しやすいとされます。

④ 損害賠償保険への加入

現金の保管を行う場合には、盗難等の可能性を考慮し損害賠償保険に加入することが考えられます。

3 文書管理
通帳・小切手帳・手形帳の保管

☑ チェックシートの点検項目

科目等		点 検 項 目
文書管理	3	通帳、小切手帳、手形帳等と印鑑は別の場所に保管されていますか。

▶ ガイドブックの具体的な点検内容・解説

具体的な点検内容	解　　説
勝手に出金等ができないようになっていますか。	盗難被害を小さくします。 内部の不正等を未然に防止します。 出金等の決裁体制があれば、なお良いでしょう。

·· 解　　説 ··

① 保管状況の確認

　通帳、小切手帳、手形帳は紛失等がないか保管状況を確認します。一覧表に確認欄を設けて、定期的に確認することが望ましいです。

●一覧表の見本

番号	区分	金融機関名	支店名	口座番号	保管確認印	確認日
001	通帳	○○銀行	××支店	1234000	㊞鈴木	27/3/26
002	通帳	○○銀行	△△支店	5555000	㊞鈴木	27/3/26

2 通帳、小切手帳、手形帳と印鑑との区分保管

　通帳、小切手帳、手形帳については、預金からの出金を可能とする印鑑やキャッシュカードと別の場所で保管することが必要です。万一、通帳、小切手帳、手形帳が紛失や盗難にあった場合であっても、金融機関への届出印も同時に紛失、盗難していなければ、出金される危険が抑えられます。

● 保管場所の例

種類	管理場所
通帳 小切手帳 手形帳	金庫や施錠可能なロッカー等で保管すること
金融機関印 キャッシュカード	代表者又は経理責任者が保管すること

3 小切手、手形の発行手続

　小切手・手形の発行には、小切手帳・手形帳と金融機関取引印鑑を使用することになります。小切手・手形の不正利用を防止するためには、小切手・手形の発行を一人で行わず、複数名で関わることが必要です。

　例えば、経理担当者が小切手・手形を作成し、経理責任者が小切手帳・手形帳の控えとの照合や書損じの処理が適切かを確認することが必要です。

　また、小切手・手形へ金融機関取引印鑑を押すのは代表者が行うなど、複数の人が小切手・手形の発行に関わることで、小切手・手形の不正発行を防止します。

文書管理
4 小切手帳・手形帳の控えの保管

☑ チェックシートの点検項目

科目等		点 検 項 目
文書管理	4	小切手帳、手形帳の控えは必要事項（支払先など）が記入され、保管されていますか。

▶ ガイドブックの具体的な点検内容・解説

具体的な点検内容	解　　説
白紙になっていませんか。 破棄されていませんか。 控えの枚数は合っていますか。	支払先・金額等を明確にします。 内部の不正等を未然に防止します。 摘要も記入されていれば、なお良いでしょう。

·················· 解　　説 ··················

① 小切手帳・手形帳の使用

　小切手・手形の発行には連番が付されているので、その順番どおりに使用します。不正を未然に防止するために番号を飛ばして使用したり、未使用のものを破棄等したりしません。

　小切手帳・手形帳は控えに内容を記入してから、小切手・手形を切り離します。

　書損じについても、書損じの適切な処理を行い保管します（18頁参照）。

　小切手・手形の発行時には小切手・手形の控えに小切手・手形と同じ番号を付し、発行した相手先名、金額、内容等を記載します。

② 小切手帳・手形帳の確認

　小切手帳、手形帳については、重要書類ですので、代表者又は経理責任者によって、小切手帳、手形帳の使用状況や書損じ処理などを次のような表を用いて管理・確認することも考えられます。これにより小切手や手形の紛失や不正利用を防止します。

入手日付			金融機関名	支店名	小切手番号	使用分	使用日	確認欄
27	4	15	なにわ銀行	本店	AA001〜AA100	−	−	鈴木
						AA001〜020	27/4/20	鈴木
						AA021〜035	27/5/10	鈴木

文書管理
5 書損じた小切手・手形の取扱い

■チェックシートの点検項目

科目等		点 検 項 目
文書管理	5	書損じた小切手、手形は社印を抹消した上で、控えに添付されていますか。

▶ガイドブックの具体的な点検内容・解説

具体的な点検内容	解　　説
破棄していませんか。 今後、使用できないように処置されていますか。	内部の不正等を未然に防止します。 書損じの理由が明確にされていれば、なお良いでしょう。

──────────── 解　　説 ────────────

1 書損じた小切手等の取扱い

　書き損じた小切手、手形については適切に書損じ処理を行います。

　具体的には、書き損じた小切手・手形が他に使用できないように全体に渡って斜線を記入し、他に使用できないようにします。また、小切手帳・手形帳に綴じ込んで保管し、廃棄は行いません。

　書き損じた小切手・手形に書き損じた理由を付記すればなお良いでしょう。

文書管理
6 ネットバンクのID・PWの保管

☑チェックシートの点検項目

科目等		点 検 項 目
文書管理	6	インターネットバンキングのID、パスワードはセキュリティの観点から適切に保管されていますか。

▶ガイドブックの具体的な点検内容・解説

具体的な点検内容	解　　説
端末付近にID等を記載したりしていませんか。	内部の不正等を未然に防止します。 特定の者のみ操作できる体制であれば、なお良いでしょう。 外部への流出を防止します。

……………………… 解　　説 ………………………

１ ID、パスワード

　インターネットバンキングのID、パスワードは厳格に管理し、不正利用などが生じないようにする必要があります。インターネットバンキングを使用する担当者を決定し、それぞれが使用するIDと操作可能な権限の割振りを行います。次表のような権限の割振りが考えられます。

　ID、パスワードについては、使用する端末や机にメモを残すなどをしてはいけません。ID、パスワードは、重要情報として金庫に保管するなど厳格に管理することが必要です。

番号	使用者名	利用者の設定	振込先の登録	振込の実行	振込限度額の設定	振込予約の取消	振込結果の確認
1	代表者	○	○	○	○	○	○
2	経理責任者	−	○	○	○	○	○
3	経理担当者	−	−	○	−	−	○

② ID、パスワードの定期的な変更

　ID、パスワードについては不正利用防止のため、同じものを長期間に渡り使用することは避けるべきです。そのため、定期的に変更することが必要です。この変更については、一定期間が経過した時点で変更が必須となるよう設定する場合があります。また、最近では、セキュリティトークン（パスワード生成機器）を用いたワンタイムパスワードを利用する場合があり、この場合には毎回異なるパスワードを使用するため、不正利用をより防止することができるでしょう。

③ アクセスログの確認

　インターネットバンキングの場合は、いつ誰がアクセスしたのかの記録が残ります。そのため、定期的にアクセスログを確認し、不正アクセスがないか監視をすることができます。

7 文書管理
ネットバンクの送受金の確認体制

☑ チェックシートの点検項目

科目等		点 検 項 目
文書管理	7	インターネットバンキングによる送受金は、上席の責任者によって確認する体制になっていますか。

▶ ガイドブックの具体的な点検内容・解説

具体的な点検内容	解　説
送受金が、担当者のみで処理されていませんか。	内部の不正等を未然に防止します。 上位の者に取引内容が自動的に送信される体制であれば、なお良いでしょう。

·············· 解　説 ··············

1 経理責任者による事前確認

　インターネットバンキングを使用する場合、振込情報を振込日より前に登録することができます。そのため、振込情報を経理担当者が入力し、経理責任者が振込実行前に事前の確認をすることができます。

2 経理責任者による事後確認

　インターネットバンキングによる送金手続きについては、経理担当者による手続きの結果が経理責任者に連絡が入る体制にすることが必要です。これによって事後的なインターネットバンキングの使用状況の検証が可能となります。

I　社内体制

③ 振込先情報の登録

　振込先情報については、代表者や経理責任者にのみ振込先登録の登録権限を付与するなど、登録可能者を限定することが必要です。これにより登録外の相手先への振込を防止します。

④ 振込限度額の設定

　振込については、振込日に必要金額をインターネットバンキング口座に送金することで、必要額以上の振込を防止することができます。また1日当たりや取引1件当たりの利用上限額を設定することで、インターネットバンキングによる不正送金を防止することができます。

文書管理
8 注文書・納品書・請求書の整理・保存

✓ チェックシートの点検項目

科目等		点 検 項 目
文書管理	8	注文書、納品書、請求書などの書類は一定の基準の下に整理し、保存されていますか。

▶ ガイドブックの具体的な点検内容・解説

具体的な点検内容	解　説
後日、確認しやすいよう整理されていますか。	経理水準が向上します。 経理の事務効率が向上します。

·············· 解　説 ··············

1 注文書の発行

　注文書とは、注文の内容を記載した書面のことをいいます。商取引において注文は口頭でも行うことができますが、当事者間で取引の内容を明確にするため発注する側が作成する書類となります。

　取引内容を事前に確定させ、発注者が注文書を発行するのと同時に、受注者が発注者に注文請書を発行する場合もあります。

2 納品書の発行

　納品書とは、販売側が購入者に納品するときに引き渡す物品の明細を記載した書類であり、物品受領書や請求書等と複写式になっている場合があります。

　納品時には、物品と納品書を納めると同時に、購入者から物品受領書へ受

取印をもらいます。

　納品書は物品の引渡しを明確にする重要な書類となり、引渡しのタイミングや物品の管理責任も明確となります。また、納品書から請求書が作られることになります。

③ 請求書の発行

　請求書とは、物品やサービスの代金を相手先に請求する書類です。物品の引渡しの都度発行される納品書を請求期間で締めて集計します。
　請求書には、納品した物品や提供したサービス内容を記載するとともに、振込口座や支払期日を記載します。

④ 注文書、納品書、請求書の保管

　注文書、納品書、請求書は取引内容を記録する重要な書類です。それぞれの書類の種類ごとに分かりやすくファイリングすることが必要です。ファイリングについては、日付ごとに整理し、月別や事業年度単位にまとめて保存することで経理の事務効率が上がります。

9 文書管理
株主総会・取締役会の議事録の作成・保存

☑ チェックシートの点検項目

科目等		点 検 項 目
文書管理	9	株主総会、取締役会等の議事録は適切に作成し、保存されていますか。

▶ ガイドブックの具体的な点検内容・解説

具体的な点検内容	解　　説
議事録を作成していないものはありませんか。	的確な会社運営に繋がります。 経理水準が向上します。

·············· 解　　説 ··············

1 株主総会議事録

　株主総会議事録とは、株式会社における最高意思決定機関である株主総会での会議の内容を記録した書類であり、株主総会が開催された日時及び場所、議事の内容・審議経過・議決事項、出席した取締役等の氏名などを記載するものです。また、議事録の作成に係る職務を行った取締役の氏名の記載も求められています。議事録は、会議の経過や結論を記録し保管することによって会議の証拠となります。

　株主総会の議事については、会社法施行規則により議事録の作成が義務付けられており、株主総会の日から10年間本店に、5年間支店に備え置きが必要です。

Ⅰ　社内体制

<株主総会議事録の保存>

場所	保存期間
本店	10 年間
支店	5 年間

　役員改選など、株主総会で決議が必要な事項を事前に確認し、決議漏れがないように注意する必要があります。

<役員の任期>

氏名	役職	就任期間	任期満了
近税太郎	代表取締役	2 年	平成 29 年 6 月
近税正子	取締役	2 年	平成 29 年 6 月
鈴木善助	取締役	2 年	平成 29 年 6 月
田中次郎	取締役	2 年	平成 29 年 6 月
大阪美子	監査役	4 年	平成 31 年 6 月

2 取締役会議事録

　取締役会議事録とは、取締役会設置会社における取締役会の議事内容を記載したものです。
　会社法や定款による取締役会決議事項を確認し、決議漏れがないように注意する必要があります。
　株主総会議事録・取締役会議事録のひな形は 134～135 頁にあります。

③ 株主総会及び取締役会議事録の閲覧

　株主総会議事録は株主や債権者から閲覧や謄写の請求を受けることがあります。また、取締役会議事録についても株主から閲覧・謄写の請求を受ける場合があります。
　監査役設置会社の株主は、裁判所の許可を得て取締役会議事録の閲覧・謄写を行うことができます。

文書管理
10 申告書・届出書等の控えの保存

☑ チェックシートの点検項目

科目等		点 検 項 目
文書管理	10	税務署などに提出している申告書・届出書等の控えは適切に保存されていますか。

▶ ガイドブックの具体的な点検内容・解説

具体的な点検内容	解　　説
会社控えを確実に保存していますか。 関与税理士に任せきりにしていませんか。	経理水準が向上します。

·· 解　　説 ··

1 申告書等の控えの保存

　税務署や都道府県、市町村へ提出する税務書類については、紙での保存が原則です。そのため、電子計算機で作成した場合でも印刷し、紙で保存する必要があります。一定の要件を満たす場合、帳簿書類を電磁的記録により保存することも可能です。帳簿書類については、会社法上は10年間の保存が義務付けられています。

　申告書については、青色申告書を提出した事業年度の欠損金の繰越期間が9年とされているため、保存期間が9年間とされています。この繰越期間が平成29年4月1日以後に開始する事業年度から10年に延長されるため、保存期間も10年となります。

　税務書類や届出書は、経理業務を行うときに使用するため、適切にファイリングしすぐに取り出せるようにすると便利です。

11 文書管理
継続的取引の契約書の作成

✓ チェックシートの点検項目

科目等		点 検 項 目
文書管理	11	継続的取引に関しては、契約書を作成していますか。

▶ ガイドブックの具体的な点検内容・解説

具体的な点検内容	解　　説
契約条件などを明らかにしていますか。 作成した場合は、印紙を貼付していますか。	後日の紛争を防止します。 経理水準が向上します。

·················· 解　　説 ··················

1 契約書の作成

　会社経営においては、日々さまざまな取引を行うこととなります。法律上は口頭でも契約は成立しますが、後々のトラブルを避けるため、双方が合意した内容を契約書にして文書で取り交わします。

　契約書を取り交わすにあたっては、文面の細部に渡って確認し、自社に不利にならないよう検討を行うことが必要です。また、景気動向の急激な変化に備えるための条項を記載することも一般的です。

2 契約書の確認

　重要な取引に係る契約書については、法律の専門家である弁護士に内容の相談をすることが望ましいです。大企業では、社内に法務部を設け、弁護士資格を保有している者を採用し、契約書の検討をはじめとした企業に係る法

I　社内体制

律問題に対応していることもあります。

　同一の内容の取引を複数の相手先と行う場合には、定型の契約書を作成し、統一的に用いることが一般的です。

③ 印紙税

　印紙税法に定められる課税文書には、収入印紙を貼付する必要があります。例えば不動産の譲渡に関する契約書については課税文書に該当するため、収入印紙の貼付が必要となります。契約書の作成にあたっては、印紙税法における課税文書に該当するかどうかを確認し、収入印紙の貼付漏れがないように注意する必要があります（203頁参照）。

II 貸借関係（資産科目）

12 現預金・小切手・受取手形
手許現金と帳簿の残高の一致

☑ チェックシートの点検項目

科目等		点 検 項 目
現預金・小切手・受取手形	12	手許現金と帳簿の残高は一致していますか。

▶ ガイドブックの具体的な点検内容・解説

具体的な点検内容	解　説
出納帳への記載漏れはありませんか。	内部の不正等を未然に防止します。 不明な入出金の解明に繋がります。 個人と法人の区分が明らかになります。

·············· 解　説 ··············

①　手許現金の現物確認

(1) 現物確認をする重要性

　手許現金の現物と帳簿残高が一致しているかどうか、確認する作業は非常に重要です。差額が発生した場合、早く調査すると発生原因を特定しやすいです。担当者は入出金があった日は必ず一致を確認し、入出金がなくても可能な限り現物を確認し、帳簿残高と一致しているかどうか確認します。また、手許現金は着服等の不正が発生しやすいので、上席者は、定期的又は不定期に現物の確認作業に立ち会うか、自身により再確認をします。

(2) 金種表の利用

　手許現金の現物確認には、金種表の利用が有益です。金種別に現物をカウントし、集計するとミスが少なくなります。

	承認	担当者
	田中㊞	佐藤㊞

平成○年×月△日

金　種　表

金種	枚数	金額
10,000		
5,000		
2,000		
1,000		
500		
100		
50		
10		
5		
1		
小計		
小切手等		
合計		

(3) 手提げ金庫の整理

　現金の集計ミスを防ぐためには、金庫の整理が重要です。金庫の中は、不要なものを入れないように整理してください。また、会社の財産以外のもの（例えば役員の個人資金や従業員互助会の資金等）を会社の現金と一緒に保管してはなりません。

② 手許現金の現物と帳簿（出納帳）残高の差額がある場合

手許現金の現物と帳簿（出納帳）残高の差額がある場合の事例と対処方法は、次のとおりです。

事　例	対　処　方　法
小切手による入金があった場合	小切手等で入金があった場合は、現金入金の仕訳となります。手許に小切手があれば小切手の金額も忘れず記帳し手許現金の現物合計額に含めます。
帳簿（出納帳）に未記帳の入出金があった場合	記帳して手許現金の現物合計額と一致させます。
手許現金の現物と帳簿（出納帳）残高の差額があり原因不明な場合	どうしても現金過不足の発生原因がわからない場合は、雑収入・雑損失の処理をして帳簿（出納帳）残高を手許現金の現物合計額に合わせます。

なお、手許現金の現物合計額と帳簿（出納帳）残高が一致していることを確認できたら、金種表と帳簿（出納帳）に、一致していたことの確認印を押印しておくと、将来差額が発生した場合、いつ以降で差額が発生したか、誰が前回確認したのか明らかになります。

③ 個人と法人の財産の区分

現金勘定として記帳される取引の中に、役員の私的な経費の支払いが含まれるなど、役員の個人と会社の財産とが必ずしも区分・管理されていないケースが見受けられます。このような場合、税務調査において利息の認定や経費の否認を指摘される可能性があるため、証憑等を確認してきっちりと区分処理し、適正な会社の現金残高を把握することが必要です。

13 現預金・小切手・受取手形
高額・予定外の支払理由の明確化

☑ チェックシートの点検項目

科目等		点 検 項 目
現預金・小切手・受取手形	13	現金、小切手による高額又は予定外（緊急）の支払いは、その理由が明らかにされていますか。

▶ ガイドブックの具体的な点検内容・解説

具体的な点検内容	解　　説
振込や手形で支払うべき取引が明確な理由もなく、現金、小切手で支払われていることはありませんか。	内部の不正等を未然に防止します。支払方法の基準が定められていれば、なお良いでしょう。

―――――――――――― 解　説 ――――――――――――

① 資金管理

　予定外の大口の支払いが発生した理由によりますが、資金管理の面からも予定外の大口の支払いは避けたいところです。大口の支払いは事前の資金計画に入れておき、資金繰りに影響が出ないようにすべきです。

② 高額又は予定外の取引

(1) 高額な支払い

　高額な取引は、振込によることが普通ですが、現金や小切手で支払われる場合には、その理由を確認し、可能な限り振込に変更すべきです。

(2) 予定外（緊急）の支払い

通常のタイミングと異なる緊急の支払いはその内容と理由の確認をし、上記と同様、振込に変更すべきです。

(3) 支払方法等の変更

従来振込で行われていた支払いが、現金や小切手で行われることになった場合や、売掛金と相殺されていた売上割戻しが現金で支払われることになった場合も、その理由を確認すべき取引といえるでしょう。

(4) 定期的な確認

上記に該当しない通常の取引であっても、その支払いの内容や振込先については、定期的に確認をすることは不正を防止するうえで重要です。

③ 支払方法の基準

支払方法の基準は、次のような内容を決めておくと良いでしょう。
① 振込による支払日
② 現金で出金できる取引の範囲
③ 支払金額により必要となる支払承認者

なお、支払基準を逸脱する場合、稟議書等により、その理由を明らかにしておくことが必要です。

現預金・小切手・受取手形
14 通帳と帳簿の残高の一致

✅ チェックシートの点検項目

科目等		点　検　項　目
現預金・ 小切手・ 受取手形	14	預金（通帳）と帳簿の残高は一致していますか。

▶ ガイドブックの具体的な点検内容・解説

具体的な点検内容	解　　説
帳簿への記載漏れはありませんか。	内部の不正等を未然に防止します。 不明な入出金の解明に繋がります。

·············· 解　説 ··············

① 残高証明書又は預金通帳の残高と照合

　預金については、定期的に帳簿残高と銀行等金融機関が発行する残高証明書又は預金通帳を照合することが必要です。特に、当座預金については、帳簿残高と残高証明書等の残高が異なることがあります。決算日には銀行残高調整表を作成し、あるべき残高を把握することが必要です。
　手許現金と出納帳の確認と同様、定期的又は非定期的に、担当者だけではなく上席者も確認します。

② 担保差入れの場合、預り証の確認

　定期預金は、担保に差し入れることが可能なため、残高証明書で残高を確認するだけではなく、通帳や証書の現物とも確認します。担保に差し入れる場合、必ず預り証を入手します。

③ 銀行残高調整表の作成

(事例)

当社の当座預金の帳簿残高	990,000 円
当座照合表による銀行残高	1,000,000 円
差　異	△ 10,000 円

(調査結果)
① 期末日に店舗での売上金10万円を閉店後の夜に入金した。
② 仕入先に期末日に渡した小切手20万円がある。
③ 売掛金の入金1万円を間違えて10万円(伝票No.547)で処理していた。差額は90,000円である。

銀行残高調整表

承認	担当者
㊞田中	㊞山本

○×銀行△○支店　当座　NO.×××

平成○年×月末日　銀行残高		1,000,000 円
①	時間外入金	100,000 円
②	未落小切手；相手先○○ 小切手番号 BE490838	△ 200,000 円
③	伝票No547　処理誤り差額	90,000 円
平成○年×月末日　帳簿残高		990,000 円

事例では、③の入金処理誤りを修正すべきです。

Ⅱ　貸借関係(資産科目)

＜あるべき帳簿残高＞

帳簿残高（修正前）	990,000 円
伝票 No547　取消	△ 100,000 円
上記伝票を正しい金額で起票　＋	10,000 円
あるべき帳簿残高	900,000 円

なお、①②については、銀行側との処理のタイミングにより発生した差異のため、帳簿を修正する必要はありません。

15 現預金・小切手・受取手形
受取手形の現物と補助簿の定期的な照合

✓ チェックシートの点検項目

科目等		点検項目
現預金・小切手・受取手形	15	受取手形の現物と補助簿（受取手形記入帳）は定期的に照合されていますか。

▶ ガイドブックの具体的な点検内容・解説

具体的な点検内容	解説
受取手形の現物は補助簿（受取手形記入表）の記載内容と一致していますか。補助簿への記載漏れはありませんか。	内部の不正等を未然に防止します。資金繰りの安定に繋がります。

················· 解　説 ·················

① 現物や残高証明書との突合

　決算日には、受取手形の現物と補助簿（受取手形記入帳）を照合します。決算日までに取立に出した受取手形のうち期日が翌期に到来するものについては、現物はありませんが残高証明書により金額を確認できます。また、決算日までに割引に出した手形についても、残高証明書と金額を確認できます。

＜事例＞
5月15日に得意先より受け取った手形です。
① （株）鈴木商店より約束手形50,000円を受け取り、8月14日に満期を迎え、決済された。

② （株）吉田商店より（株）鈴木商店が支払う為替手形 100,000 円を受け取り、8 月 14 日に満期を迎え、決済された。
③ （株）伊藤商店より約束手形 500,000 円を受け取り、8 月 14 日に割引に出した。
④ （株）山田商店より約束手形 80,000 円を受け取り、会社の金庫に保管していたが、5 月 31 日に買掛金支払いのため（株）佐藤工業へ裏書した。
※ 約束手形と為替手形の意義については 87 頁参照

受取手形記入帳

	平成○年		種類	手形番号	摘要	支払人	振出人又は裏書人	振出日		満期日		金額(円)	支払場所	顛末		
	月	日						月	日	月	日			月	日	摘要
①	5	15	約	XE2134	売掛金	(株)鈴木商店	(株)鈴木商店	5	15	8	14	50,000	○×銀行	8	14	決済
②	5	15	為	AS3245	売掛金	(株)吉田商店	(株)鈴木商店	5	15	8	14	100,000	○×銀行	8	14	決済
③	5	15	約	SS3214	売掛金	(株)伊藤商店	(株)伊藤商店	5	15	11	14	500,000	○×銀行	8	14	割引
④	5	15	約	AB0114	売掛金	(株)山田商店	(株)山田商店	5	15	11	14	80,000	○×銀行	5	31	裏書(株)佐藤工業へ

② 割引手形や裏書手形の処理

受取手形を割引や裏書する場合、仕訳パターンは次のようになります。

＜割引手形の場合＞
　[1]③の仕訳（(株)伊藤商店からの受取手形を割引）
　①　割引した時　8 月 14 日
　　　(借方)預金　　　　497,500 円　　(貸方)受取手形　　　500,000 円
　　　手形譲渡損　　2,500 円

② 満期日　11月14日
　　仕訳なし
＜裏書手形の場合＞
1④の仕訳（（株）山田商店からの受取手形を（株）佐藤工業への支払いのため裏書）
　① 裏書譲渡した時　5月31日
　　(借方)買掛金　　　80,000円　(貸方)受取手形　　　80,000円
　② 満期日　11月14日
　　仕訳なし

　手形を割引した時又は裏書譲渡した時、帳簿上は受取手形がなくなりますが、手形の支払人が支払不能になった場合、割引した人や裏書をした人が手形代金を支払うことになります。

3 受取手形の差換え

　手形を発行した得意先の資金繰りの都合で、期日を延長するために手形の差換えの依頼を受けることがあります。依頼を受けた時は、その理由を書面で正式に提出してもらうとともに、社内で合意できるか検討してください。
　手形を差し換えた場合、当初受け取った手形は得意先に返却し、新たに手形を受け取るため、次の仕訳を行います。

　(借方)受取手形（新）　××　円　(貸方)受取手形（旧）　××　円

　新たに受け取った手形は、期日や手形の番号が変わるため受取手形記入帳への記載も必要となります。

16 売掛金・未収金
売掛一覧表と請求残高の確認

☑ チェックシートの点検項目

科目等		点 検 項 目
売掛金・未収金	16	補助簿（売掛一覧表）と得意先に対する請求残高は一致していますか。

▶ ガイドブックの具体的な点検内容・解説

具体的な点検内容	解　　説
補助簿（売掛一覧表）への記載漏れはありませんか。請求書の作成漏れはありませんか。	回収予定の資金が把握され、資金繰りの安定に繋がります。回収漏れを未然に防止します。

.... 解　　説 ....

① 正確な売掛金残高の把握

　売掛金は、一般的に売上に対する未回収の金銭債権であり、未収金は売上以外に対する未回収の金銭債権です。

　補助簿（売掛一覧表）と得意先に対する請求残高は一致しているのが当然です。

　一致していない場合の理由としては、次の原因が考えられます。

原因	対処方法
請求書の発行漏れ	請求書を発行していない理由を確認するとともに請求漏れであれば、なるべく早期に請求書を発行します。請求書の発行が遅れると入金が遅れるので注意が必要です。
売上の早期計上	請求書を発行していないにもかかわらず、売上を早期に計上した理由を確認します。場合によっては、売上計上を取り消します。
帳簿の記載漏れ	請求書を発行したにもかかわらず、売上の計上漏れとなっている場合には、理由を担当者に確認したうえ、売上計上します。
金額の相違	請求書の金額と売上計上額が相違している場合には、その理由を確認します。 単なる入力ミスであれば当方で修正し、請求額の記載ミスであれば、先方に連絡した上で、新しい請求書を発行します。
入金差額の存在	請求書通りの入金がされていない場合、補助簿（売掛一覧表）と請求残高の残高が一致しません。差額が累積すると原因分析に時間がかかるため、こまめなチェックが必要です。 ① 得意先が振込手数料等を差し引いて入金しており、振込手数料等の会計処理をしていない場合 　→振込手数料等の仕訳を追加する。 ② 得意先の資金繰りの都合、単純ミス、クレームなどにより、請求金額と相違する場合 　→得意先に理由を確認し、今後について相談します。

17 売掛金・未収金
マイナス残高の理由の明確化

☑ チェックシートの点検項目

科目等		点 検 項 目
売掛金・未収金	17	残高がマイナスになっている得意先については、その理由が明らかにされていますか。

▶ ガイドブックの具体的な点検内容・解説

具体的な点検内容	解　説
補助簿（売掛一覧表）への記載漏れがありませんか。借入金や貸付金等の入金と混同していませんか。	適切な入金管理に繋がります。経理水準が向上します。

・・・・・・・・・・・・・・・・・・・・・・・・・・ 解　説 ・・・・・・・・・・・・・・・・・・・・・・・・

① 売掛金残高がマイナスになるケース

売掛金残高がマイナスになる場合は、次のケースが考えられます。

- 売上の計上漏れ
- 入金処理の二重計上
- 先方からの過入金
- 前受金の発生を売掛金のマイナスとして処理

② 前受金への振替え

上記①のほか、業種によりますが、大型工事の受注の際等に、契約上、売上を計上するまでに前受金として、受注金額の一部を入金してもらうことがあります。また、インターネット販売の場合は、入金を確認してから商品を

発送することが多くなっています。売上計上前に入金処理されるので、売掛金の勘定科目を用いて入金処理した場合、売掛金残高がマイナスとなります。前受金の入金があった場合は、売掛金と区別して前受金として処理することが必要です。

18 売掛金・未収金 回収の遅延理由の明確化

☑ チェックシートの点検項目

科目等		点 検 項 目
売掛金・未収金	18	回収が遅延しているものについては、その理由が明らかにされていますか。

▶ ガイドブックの具体的な点検内容・解説

具体的な点検内容	解　　説
遅延した理由を取引先に確認していますか。 取引先の経営状況等を把握し、回収が可能であるか検討していますか。	適切な入金管理に繋がります。 内部の不正等を未然に防止します。

・・・・・・・・・・・・・・・・・・・・・・ 解　　説 ・・・・・・・・・・・・・・・・・・・・・・

① 遅延理由の明確化

　売掛金が滞留する理由として、例えば次のことが考えられます。得意先ごとに、滞留している理由を把握し、対応することが重要です。

① 間違った得意先の口座で入金処理をしてしまった等の誤処理
② クレーム等で入金が滞っている
③ 請求書の発行漏れ
④ 先方の資金繰りが悪く、催促しないと入金してもらえない
⑤ 従業員の不正により回収しているのにかかわらず当社に入金されていない
⑥ 売上を過大・架空計上している

19 売掛金・未収金
入金条件の変更理由の明確化

■チェックシートの点検項目

科目等		点 検 項 目
売掛金・未収金	19	入金条件（決済日、決済手段）に変更があるものについては、その理由が明らかにされていますか。

▶ガイドブックの具体的な点検内容・解説

具体的な点検内容	解　　説
入金条件の変更は自社が同意したものですか。 入金条件について書面などにより確認していますか。	適切な入金管理に繋がります。 内部の不正等を未然に防止します。

······················· 解　　説 ·······················

① 入金条件の変更

　収入印紙の節約のため、手形の使用をやめるケースや、先方の資金繰りの関係で、期日が変更になる場合があります。大口取引先の決済条件の変更は、当社の資金繰りに影響を及ぼすこともあるため注意が必要です。
　また、得意先や当社の従業員の不正により得意先の決済日や決済手段が変更される可能性もあります。

② 得意先から入金条件の変更を依頼された場合

　決済日が変更になった場合は、その理由を得意先に正式に書面で提出してもらい、社内で合意できるかどうか検討してください。当社だけへの要請なのか、条件の変更が今回限りかどうかも検討するときのポイントになります。

20 売掛金・未収金
期末の締め後の取引の計上

☑チェックシートの点検項目

科目等		点 検 項 目
売掛金・未収金	20	決算期末においては。締め後の取引についても売掛金等に含めていますか。

▶ガイドブックの具体的な点検内容・解説

具体的な点検内容	解　説
決算期末において、引渡しや役務提供を了しているものは、売掛金等に含めていますか。	経理水準が向上します。

·· 解　説 ··

① 帳端の計上

　請求書の締日が決算日と同じでない場合には、決算月で締日から決算日までの売上について、計上漏れが発生しやすくなります。決算処理を担当者に周知させ、売上の計上漏れを発生させないように注意することが必要です。

　売上の計上漏れは、税務調査でも問題になります。特に帳端の売上漏れについては、指摘を受けることが多いので注意が必要です（次頁のコラム参照）。

コラム 「帳端」とは？

簿記用語で「帳端」(ちょうは)というものがあります。

例えば、毎月、請求書の締日にまとめて売上を計上する会社の場合、締日が20日であれば前月21日から当月20日までの売上を当月分として計上します。その場合、決算期末日が3月31日の場合、決算に際して、3月21日から31日までの売上を計上する必要があります。この3月21日から31日までの売上のことを帳端といいます。

```
前月請求書締日    月初       請求書締日    決算期末日
 2月20日       3月1日      3月20日      3月31日
```

2月21日から3月20日までの売上を3月20日発行の請求書に記載し、売上計上

いわゆる帳端で、3月21日から3月31日までの売上は請求書は未発行ですが、売上に計上する必要があります。

<例> 月単位で請求書の発行時に売上を計上している場合（消費税を8％とします。）
- 2月21日〜3月20日の売上　　　1,000,000
- 3月21日〜3月31日の売上　　　　400,000 →帳端
- 3月21日〜4月20日の売上　　　1,200,000
　(4月1日〜4月20日の売上は、800,000)

　　　　　　　　　　　　　　　　　税抜金額とします。

① 3月20日　請求書をもとに計上

(借方)売掛金　1,080,000　　(貸方)売上　　　　1,000,000
　　　　　　　　　　　　　　　　　仮受消費税　　 80,000

Ⅱ　貸借関係（資産科目）

② 3月31日（期末日）　帳端分を出荷伝票等をもとに計上
　　（借方）売掛金　　　432,000　　（貸方）売上　　　　　400,000
　　　　　　　　　　　　　　　　　　　　　　仮受消費税　　 32,000
③ 4月1日（期首）　②の取消仕訳
　　（借方）売掛金　　△432,000　　（貸方）売上　　　　△400,000
　　　　　　　　　　　　　　　　　　　　　　仮受消費税　 △32,000
④ 4月20日　請求書をもとに計上
　　（借方）売掛金　　1,296,000　　（貸方）売上　　　　1,200,000
　　　　　　　　　　　　　　　　　　　　　　仮受消費税　　96,000

(注)　1　③の仕訳を行わないで、④の売上を800,000とする方法もあります。
　　　　2　請求書の発行時に消費税を別途に加算している場合は、②の仕訳の際、消費税部分を忘れないようにする必要があります。

棚卸資産
21 実地棚卸の定期的な実施

☑チェックシートの点検項目

科目等	点 検 項 目	
棚卸資産	21	実地棚卸は定期的に行われていますか。

▶ガイドブックの具体的な点検内容・解説

具体的な点検内容	解　　説
帳簿棚卸との開差が生じていませんか。 あるべき在庫がなくなっていませんか。	適切な在庫管理に繋がります。 内部の不正等を未然に防止します。

―――――――― 解　説 ――――――――

① 棚卸資産の在庫の計算の方法

　決算書に記載される棚卸資産の金額は、実地棚卸時の数量をもとに計算する必要があります。棚卸資産の在庫数量の把握方法は継続記録法と棚卸計算法の2種類があります。

種類	在庫数量の把握方法	特徴
継続記録法	入庫数量と出庫数量の両方を帳簿に付ける方法	帳簿上の棚卸数量がいつでも把握できます。 ・　棚卸しなくても月次決算ができます。 ・　営業管理上、どのくらい在庫があるか把握できているので、受注した時に納期の見当がつきます。 ・　実地棚卸との棚卸差異の発生数量が把握できます。
棚卸計算法	入庫については帳簿に付けるが、出庫については	出庫の時に帳簿に付けないので、事務処理が簡便となります。

Ⅱ　貸借関係（資産科目）

| | 実地棚卸により把握する方法 | |

重要な棚卸資産については、継続記録法によることが望まれます。

② 棚卸残高と帳簿残高に差額がある場合

棚卸残高と帳簿棚卸残高が一致しない場合やあるべき在庫がない場合には、その理由として、次のことが考えられます。

① 差額が発生するケース
- 現物のカウントミス
- 入出庫の入力漏れ、二重計上
- 入庫や出庫の商品のコード間違い
- 入庫時や出庫時の個数の数え間違い

② 差額が発生した場合の対処方法

現物のカウントミスについては、再度カウントすることにより判明します。

入出庫の入力漏れ、二重計上、コード間違いについては、納品書や出庫依頼書等で確認すれば入力ミスを発見することができます。しかしながら、納品書と実際の納品数が違う場合や、出荷依頼書等と実際の出荷数が違う場合は、事後的にミスが判明しにくいため、納品時や出荷時に、ダブルチェック等で正確な個数を確認することが重要です。

また、防犯カメラを設置したり、ひんぱんに見回りをするなど対策を講じることで万引きや従業員による横領を防ぐことができます。

③ 棚卸実施日

実地棚卸は定期的に行います。その回数や程度は会社の規模や業態に応じて異なります。継続記録法、棚卸計算法のいずれを採用していても期末日には実地棚卸を行うのが原則です。

棚卸実施日が期末日ではない場合、実地棚卸日から期末日までの入出庫を加減して棚卸数量の把握が正しく行われているかどうか、十分に確認する必要があります。また、期末日に棚卸ができない場合でも、可能な限り期末日近くで棚卸を実施することが望ましいです。

　また、人員不足等により、店舗ごとに棚卸日が異なる場合もあります。この場合、店舗間の在庫の移動について確認が必要です。

4 棚卸の実施方法

(1) 棚卸の準備

　効率的に正確な棚卸をするため、棚卸実施にあたって事前準備が必要です。

① 棚卸の計画の作成等
- タイムスケジュールの作成
- 担当者の決定
- 手順の検討と周知の徹底
- 店舗や倉庫の見取り図の作成

② 店舗や倉庫の整理
- 同じ商品は同じ場所に集める
- カウントしやすいように、商品を並べる
- 不良品等は、一か所に集める

(2) 継続記録法による棚卸の手順

① 受払記録により算定された「あるべき棚卸数量」のデータをアウトプット

② 「あるべき棚卸数量」と実際の棚卸数量が一致しているかどうか確認

③ 「あるべき棚卸数量」と実際の棚卸数量が不一致の場合、不一致の原因を調査（前頁❷参照）

④ 「あるべき棚卸数量」と実地棚卸高の差異については、「棚卸減耗損」

を計上して実地棚卸に一致させます。

(3) 棚卸計算法による棚卸の手順

　棚卸計算法では、「あるべき棚卸数量」が不明なため、現物をみて棚卸数量を確認します。複数の商品を一枚の紙にまとめるリスト形式による棚卸表を利用する方法と、一種類の商品ごとに棚卸原票（タグ）を用いて棚卸をする方法があります。棚卸原票（タグ）を用いて棚卸をする方法の方が、すべての在庫ごとに棚卸原票（タグ）が付けられるため、棚卸漏れを視覚的に確認することができるので望ましいとされていますが、枚数が多くなるのが難点です。

　なお、多くの中小企業ではリスト形式による棚卸表を利用しています。

① リスト形式の棚卸表のサンプル

平成〇年3月31日					
棚卸表NO. ×××					

場所：第一倉庫1F　B区画

品目：　原材料　　仕掛品　　製品　　(商品)

確認者	担当者
山田	田中

NO	品名	数量	担当者	確認者
1	型式230-4928	4	✓	✓
2	型式230-4929	6	✓	✓
3	型式230-4930	3	✓	✓
4	型式230-4931	1	✓	✓
5	型式230-4932	3	✓	✓
6				
7				
8				
9				
10				

ポイント

1. 棚卸表の回収漏れが起きないように番号を管理します。記入しなかった棚卸表や書き損じの棚卸表も漏れなく回収します。
2. 棚卸表は、改ざんできないようにボールペン等で記入します。間違った場合は、訂正印を押印したうえで訂正します。
3. 担当者は、棚卸表作成時にカウントした後、セルフチェックを行いチェックマークを付けます。さらに、確認者最低1名もチェックします。
4. 余った欄は、後日追加できないように斜線を引いておきます。斜線上に棚卸担当者と確認者の押印があれば望ましいです。

② 棚卸原票（タグ）のサンプル

平成〇年　3月　31日			
棚卸原票 NO．×××		確認者	担当者
		㊞(山田)	㊞(田中)
場所	第一倉庫　1F　B区画		
品目	原材料　仕掛品　製品　(商品)		
品名	型式２３０－４９２８		
数量	4	担当者	確認者
		✓	✓

ポイント

1. 棚卸原票の回収漏れが起きないように番号を管理します。記入しなかった棚卸原票や書き損じの棚卸原票も漏れなく回収します。
2. 棚卸原票は、必ず一つの商品に一つ作成し、商品の箱に添付するか商品の上に置きます。
3. 棚卸原票は、改ざんできないようにボールペン等で記入します。間違った場合は、訂正印を押印したうえで訂正します。
4. 担当者は、棚卸原票作成時にカウントした後、セルフチェックを行いチェックマークを付けます。さらに、確認者最低１名もチェックします。

③ 棚卸原票、棚卸表の管理

　棚卸表（リスト形式）と棚卸原票（タグ）のいずれであっても、すべてを回収することが必要です。大規模な場合や、棚卸の数量が多い場合については、誰に何枚渡したか、すべてを回収したかを次のような表を用いてコントロールします。

●棚卸原票もしくは棚卸表のコントロールシート

平成〇年3月31日

担当者名	配付枚数	回収枚数			棚卸NO	担当者印	責任者印
		使用枚数	未使用枚数	書損じ枚数	〜		

棚卸資産
22 棚卸表の原始記録の保存

✓ チェックシートの点検項目

科目等	点 検 項 目
棚卸資産	22　棚卸表の原始記録は廃棄されずに保存されていますか。

▶ ガイドブックの具体的な点検内容・解説

具体的な点検内容	解　　説
実地棚卸をした際の原始記録は棚卸表とともに保存していますか。	実地棚卸の過程が明らかになり、適切な在庫管理に繋がります。

……………………………… 解　　説 ………………………………

1 棚卸表の原始記録の保存

　棚卸表の原始記録は税法上保存すべき帳簿書類等には該当していません。
　しかし、税務調査の際には棚卸表の原始記録の提示を求められる場合があり、適切な処理がされていた証拠となります。
　また、適正な棚卸は適切な財産管理等に有益です。後日確認できるよう原始記録を残しておくことが必要です。

2 適切な在庫管理

適切な在庫を管理することで、横領や粉飾を防止することができます。
① 　横領
　会社の在庫を従業員が横領し、売却することにより金銭を得ている可能性があります。

② 粉飾

売り場の利益をよく見せるため、在庫を大目に計上し、売上原価を減らそうとすることが考えられます。毎回、少しずつ改ざんしているケースは気が付きにくいですが、人事異動で担当者が変更になった時、分かることがあります。

23 棚卸資産 陳腐化在庫の区分

☑チェックシートの点検項目

科目等		点 検 項 目
棚卸資産	23	陳腐化した在庫については、正常在庫との区分が明らかにされていますか。

▶ガイドブックの具体的な点検内容・解説

具体的な点検内容	解　　説
陳腐化した在庫は正常在庫と区分して管理されていますか。 陳腐化の内容等は明らかにされていますか。	①税務上の評価損の検討、②在庫削減を適切に行うことができ、適切な在庫管理、ひいてはコスト削減に繋がります。

·········· 解　　説 ··········

1 在庫管理の重要性

実地棚卸をすることにより、必要以上の在庫を抱えていないか、陳腐化した在庫がどのくらいあるのか、不良在庫があるかどうかの把握が可能となります。陳腐化しそうな在庫については、売値を下げて処分する等の対策が必要となりますし、売却できないほど陳腐化してしまった在庫や賞味期限切れ

等の理由により売却できない在庫については、在庫コストもかかるので廃棄処分が必要となります。

適正在庫に削減することで、会社の財産の効率化を図ることができます。

＜例えば、適正在庫 500 のケースで 800 の在庫がある場合＞

過剰在庫 300 を処分することにより、
① 過剰在庫を売却し現金化すると、資金的余裕が生まれる。資金的余裕ができれば、設備投資も可能となる。
② 現金化が難しい場合、廃棄処分することにより将来の在庫コストを削減するとともに、税務上も含み損を損金計上することができ、法人税等が減少し、資金的余裕が生まれる。

会社の財産の効率化を図る！

② 会計上の棚卸資産の評価損の計上

① 通常の販売目的で保有する棚卸資産

取得価額をもって貸借対照表価額とします。

② 期末における正味売却価額が取得価額よりも下落している場合

正味売却価額をもって貸借対照表価額とします。正味売却価額とは次の算式により算定します。

正味売却価額＝売価－（見積追加製造原価＋見積販売直接経費）

③ 製造業における原材料等の場合

　製造業における原材料等のように再調達原価の方が把握しやすく、正味売却価額が当該再調達原価に歩調を合わせて動くと想定される場合には、継続して適用することを条件として、正味売却価額の代わりに再調達原価（最終仕入原価を含みます）によることができます。
　再調達原価とは、次の算式により算定します。

$$再調達原価 = 購買市場の時価 + 購入に付随する費用$$

なお、再調達原価には購入に付随する費用が含まれますが、重要性がない場合は、含めないこともできます。

③ 税務上の棚卸資産の評価損の計上

(1) 低価法

　税務上、あらかじめ棚卸資産の評価方法について届出をしていない場合は、「最終仕入原価法による原価法」となります。低価法の届出をしている場合に時価が簿価を下回ったときには、その差額は損金の額に算入されます。この損金の額に算入された金額は翌期に戻入れ処理をします。

(2) 評価損

　次の税務要件を満たして評価減を実施するときは、その事業年度末において譲渡される場合に通常付される価額まで評価減することになります。この場合は (1) と異なり、翌期の戻入れ処理はありません。

＜税務上在庫の評価損が認められるケース＞

① 災害により著しく損傷したこと		
② 著しく陳腐化したこと	棚卸資産そのものには物質的な欠陥がないにもかかわらず経済的な環境の変化に伴ってその価値が著しく減少し、その価額が今後回復しないと認められる状態にあること	（1） いわゆる季節商品で売れ残ったものについて、今後通常の価額では販売することができないことが既往の実績その他の事情に照らして明らかであること （2） 当該商品と用途の面ではおおむね同様のものであるが、型式、性能、品質等が著しく異なる新製品が発売されたことにより、当該商品につき今後通常の方法により販売することができないようになったこと
③ 上記①②に準ずる特別の事実		破損、型崩れ、たなざらし、品質の変化等により通常の方法によって販売することができないようになったこと

●会計上の処理と税務上の取扱いの相違

事例	会計上評価損計上の可否	税務上評価損計上の可否
市場の需給の変化により時価が下落	○	×
災害により、商品が著しく損傷した。	○	○
季節商品が売れ残り、今後通常の価額で売れないことが既往の実績等で明らかである。	○	○
その商品と用途の面でおおむね同様であるが、型式、性能、品質等が著しく異なる新製品が発売されたことにより、その商品につき今後通常の方法により販売することができないようになった。	○	○

24 棚卸資産 期末の預け在庫・預かり在庫の確認

☑ チェックシートの点検項目

科目等		点 検 項 目
棚卸資産	24	決算期末において、預け在庫・預かり在庫の有無・金額を確認する体制になっていますか。

▶ ガイドブックの具体的な点検内容・解説

具体的な点検内容	解　説
他社に預けている自社在庫のリストを保存していますか。自社が預かっている他社在庫は明確に区分されていますか。	適切な在庫管理に繋がります。内部の不正等を未然に防止します。

·············· 解　説 ··············

① 自社の在庫でない棚卸資産

　実地棚卸を正確に行うため、預り品等自己の在庫でないものについては、自己の在庫とは別に置き、棚卸対象外であることを明確にするため、棚卸時にはステッカー等を貼っておくことが望まれます。

② 自己で保有していない在庫

　外部倉庫等にある預け品については、残高証明書（預り証）を入手し在庫表と確認することが必要です。可能であれば保管場所に出向いて棚卸を実施します。

棚卸資産
25 期末の積送品の確認

☑ チェックシートの点検項目

科目等		点 検 項 目
棚卸資産	25	決算期末において、取引先又は自社に積送中の商品等は明らかにされていますか。

▶ ガイドブックの具体的な点検内容・解説

具体的な点検内容	解　　説
取引先又は自社に積送中の商品等を適切に把握し、期末在庫に計上すべきか検討しましたか。	適切な在庫管理に繋がります。

……………………………… 解　　説 ………………………………

① 期末積送品の確認

　取引先との契約条件によって先方が出荷した時に所有権が移るケース、船荷証券等の未着品、自社の店舗や倉庫へ移動中の在庫等は、棚卸が漏れることがあります。

① 契約により先方が出荷した時に当社に所有権が移る商品等
　先方の出荷報告書をもとに在庫を計上します。
② 船荷証券等の未着品
　船荷証券による確認が可能です。
③ 社内間で店舗や倉庫へ移動中の在庫等
　社内的に、発送元の店舗の在庫とするか、受入店舗の在庫とするか社内ルールを決めておく必要があります。

棚卸資産
26 自社消費等の売上計上

☑チェックシートの点検項目

科目等	点 検 項 目
棚卸資産	26 棚卸資産の自社消費等は売上に計上されていますか。

▶ガイドブックの具体的な点検内容・解説

具体的な点検内容	解　　説
棚卸資産の自社消費（例えば、飲食店における従業員の懇親会への消費）は、売上として計上していますか。	経理水準が向上します。

·············· 解　　説 ··············

① 棚卸資産の自社消費

　飲食店において、従業員の懇親会などを行った場合には、借方は福利厚生費、貸方は売上として計上する必要があります。

27 貯蔵品
商品券・印紙・切手等の管理

☑ チェックシートの点検項目

科目等		点 検 項 目
貯蔵品	27	商品券・印紙・切手等は、受払簿等を作成し、その管理が適正に行われていますか。

▶ ガイドブックの具体的な点検内容・解説

具体的な点検内容	解　　説
受払簿等により、誰が、何時、何の目的で使用したか明らかにされていますか。残数量についても明らかにされ、決算期末においては、貯蔵品として計上していますか。	内部の不正等を未然に防止します。適切な在庫管理に繋がります。

・・・・・・・・・・・・・・・・・・・・・・・・・・ 解　　説 ・・・・・・・・・・・・・・・・・・・・・・・・・・

① 現金同等物の管理

　商品券・印紙・切手等は、チケットショップで売却すれば、すぐに現金化できるので、資産管理のため現金と同様に現物管理が必要です。購入時と使用時に記録を残し、定期的に棚卸をして管理します。

② 取得した日に属する事業年度の損金の額に算入できる貯蔵品

　税法上は、貯蔵品のうち「消耗品その他これに準ずる棚卸資産の取得に要した費用の額は、当該棚卸資産を消費した日の属する事業年度の損金の額に

算入するのであるが、法人が事務用消耗品、作業用消耗品、包装材料、広告宣伝用印刷物、見本品その他これらに準ずる棚卸資産（各事業年度ごとにおおむね一定数量を取得し、かつ、経常的に消費するものに限る。）の取得に要した費用の額を継続してその取得をした日の属する事業年度の損金の額に算入している場合には、これを認める。」となっています。

28 仮払金・前渡金・前払費用・立替金
相手先・金額・内容の個別確認

☑ チェックシートの点検項目

科目等		点 検 項 目
仮払金・前渡金・前払費用・立替金	28	相手先、金額及び内容を個別に確認していますか。

▶ ガイドブックの具体的な点検内容・解説

具体的な点検内容	解　説
内容等の不明な支出はありませんか。 内容等から他の科目とすべきものはありませんか。	経理水準が向上します。

·············· 解　説 ··············

1 内容の確認

(1) 仮払金

　仮払金勘定は仮払いで未精算のものを計上します。しかし、仮払金で処理され、支払内容が不明なまま放置されているものは不正に繋がりやすいため避けなければなりません。そのためにも支出内容については早期に内容の把握をすることが重要となります。

(2) 前渡金

　前渡金勘定は商品購入代金の先払いをした場合に使用します。
　相手先名称や商品の納入時期、残代金の金額及び支払時期等については、

見積書等で確認します。

(3) 前払費用
① 原則
前払費用は継続して役務の提供を受けるための支出をした際に、翌期以降に対応する部分がある場合に使用します。

〔例〕3月決算法人が1年分の保険料を12月1日に支出した場合

支出事業年度に対応する金額は支出額の12分の4であるため、残りの8か月分が前払費用となります。

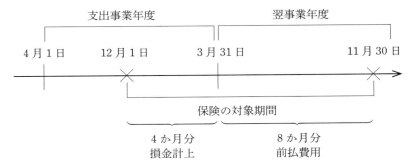

前払費用に計上する場合には支払金額と対象期間（当期分と翌期以降分）を正確に把握する必要があります。

翌事業年度以後においては決算時に前払費用の取崩し処理が必要となります。

② 短期前払費用の例外
税法上は「前払費用の額でその支払った日から1年以内に提供を受ける役務に係るものを支払った場合において、その支払った額に相当する金額を継続してその支払った日の属する事業年度の損金の額に算入しているときは、これを認める。」とあります。

この適用を受ける場合には、その支出額の全額が支出事業年度の損金となります。

前払費用の例外処理（短期の前払費用）を適用している場合は、事業年度毎に適用の有無を検討するのではなく、継続して適用する必要があります。

（4）立替金

立替金勘定は取引先や従業員が負担すべき支出をした場合に使用されます。

例えば、取引先から材料の支給を受けて作業をする形態で、追加の材料が必要となった場合に、追加の支給を受けるのではなく、直接追加の材料を業者より購入して作業を行い、その後取引先へ購入代金を請求して精算するという方法があります。この場合に材料は取引先が負担すべきであるが当社が購入したので、その購入代金については立替金として処理することとなります。

立替金については仮払金と同様に後日精算することとなりますので、相手先や金額、支出内容の把握はもちろん、本来誰が負担すべき支出であるのかの確認が重要です。支出する内容や取引先との契約書等の取決めがどのようになっているかの確認が必要となります。

② 仮払金等の定義と例示

		勘定科目	定義	例示
資産	未精算勘定	仮払金	仮払金勘定には仮払いで未精算のものが計上されます。	出張に際して従業員に支出した金額があるが、現時点で未精算のもの。
		前渡金	前渡金勘定は商品購入代金の先払いをした場合に使用します。	来月に納品される商品の購入代金を手付金として支出した場合。
		立替金	立替金勘定は取引先や従業員が負担すべき支出をした場合に使用されます。	11月分住民税を12月8日に納付したが、12月15日支給の給与（11月末〆）から徴収する場合。
	経過勘定	未収収益	未収収益勘定は継続して役務の提供を行う場合で、既に役務提供しているが対価を受領していない場合に使用します。	貸付金にかかる3月分の利息を4月10日に受け取る場合。
		前払費用	前払費用勘定は継続して役務の提供を受けるための支出をした際に、翌期以降に対応する部分がある場合に使用します。	3月決算法人が1年分の保険料を12月1日に支出した場合（支出事業年度に対応する部分は4か月分であり、残りの8か月分が前払費用）。

経過勘定である未収収益も対比のため含めています。

Ⅱ　貸借関係（資産科目）

29 仮払金・前渡金・前払費用・立替金 多額化している科目等の確認

☑チェックシートの点検項目

科目等		点　検　項　目
仮払金・前渡金・前払費用・立替金	29	未精算の残高・期間が多額・長期化しているものがないか確認していますか。

▶ガイドブックの具体的な点検内容

具体的な点検内容	解　　説
相手先に多額・長期化している理由を確認し、早期の精算に努めていますか。 内容等から他の科目（貸付金など）とすべきものはありませんか。	経理水準が向上します。 内部の不正等を未然に防止します。

·········· 解　　説 ··········

① 長期未精算金等の確認

　仮払金等は、一時的に使用する勘定科目です。内容や金額が確定すれば本来の勘定科目へ振り替えます。

　未精算のものが増加して残高が多額にならないように注意が必要です。

　残高が多額であったり、期間が長期化している場合には、本来の勘定科目への振替えが必要です。また、実質的に貸付金に該当するものが含まれていないかなどを個別に確認し、貸付金に該当する部分については適切に利息を計上する必要があります。

30 固定資産 付番管理と配置表の作成

✓ チェックシートの点検項目

科目等		点 検 項 目
固定資産	30	固定資産については、付番管理を行うとともに配置場所を把握していますか（配置表は作成していますか。）。

▶ ガイドブックの具体的な点検内容・解説

具体的な点検内容	解　　説
機械装置・備品等、固定資産を付番管理するとともに配置場所を把握していますか（配置表を作成していますか、または台帳等に配置場所を記載していますか）。	付番管理・配置表の作成により、現物の確認が一層容易になります。

・・・・・・・・・・・・・・・・・・・・・・・・・・ 解　　説 ・・・・・・・・・・・・・・・・・・・・・・・・・

① 固定資産の範囲

　販売目的でなく、長期間にわたって所有する土地、減価償却資産などの資産は原則として固定資産に計上します。

　減価償却資産とは、一般的には時の経過等によってその価値が減る資産で、建物、建物附属設備、機械装置、器具備品、車両運搬具などの資産をいいます。

　このような減価償却資産については、減価償却を通じて数年にわたり費用化するため、適切に管理する必要があります。

Ⅱ　貸借関係（資産科目）

2 固定資産の取得価額

固定資産の取得価額には購入代価のほか、取得に要した費用と事業の用に供するために要した費用も含まれます。

(取得価額に含まれるものの例)
- 購入代価
- 会社までの運送費
- 試運転費　など

3 税務上の留意点

法人税法においては、事後的に必要となるような支出については取得価額に含めないことができます。

(事後的に必要となるものの例)
- 自動車取得税
- 不動産取得税
- 登録免許税　など

また、減価償却の方法については資産の取得価額により、次のように区分されています。

取得価額 適用	10万円未満	10万円以上 20万円未満	20万円以上 30万円未満	30万円以上
10万円未満等の少額減価償却資産	全額損金算入	―	―	―
一括償却資産	3年間で均等償却		―	―
中小企業者等の少額減価償却資産の特例	(注)	全額損金算入 (年300万円を限度)		―
上記の特例等を選択しない場合	通常の減価償却の計算方法となります。			

(注) 10万円未満のものには適用がありません。

4 配置表の作成

　固定資産については数年にわたっての管理が必要となります。配置表を作成するとともに、資産の見えるところに番号のあるシールを貼って管理するのが良いでしょう。

　また、固定資産の管理のためには、取得価額が 10 万円未満など全額損金算入した資産や償却が終わった資産についても同様に管理することが望ましいです。

＜配置表＞

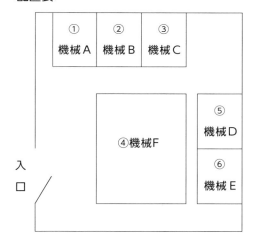

①〜⑨の数字は、実務では77頁の固定資産台帳の「資産コード」を記載します。

具体的な手順は次のとおりです。

・購入した固定資産について付番し、シールを貼る。

・事務所や工場等の見取り図に設置した固定資産の番号を記載する（配置表の作成）。
・減価償却台帳に記載する資産に配置表と同じ番号を付す。
・定期的（少なくとも決算時）に現物と配置表、減価償却台帳を照合する。

固定資産
31 現物と補助簿の定期的な照合

☑チェックシートの点検項目

科目等		点 検 項 目
固定資産	31	固定資産の現物と補助簿（減価償却台帳）は定期的に照合していますか。

▶ガイドブックの具体的な点検内容・解説

具体的な点検内容	解　　説
補助簿に計上されていない固定資産はありませんか。固定資産の現物がどこにあるか明らかになっていますか。	減価償却費の適切な計上に繋がります。除却損益の適切な計上に繋がります。内部の不正等を未然に防止します。

················ 解　　説 ················

1 減価償却台帳

　減価償却台帳とは、減価償却資産の明細と各資産の減価償却費の額等を記載した次ページのような書類です。

固定資産台帳 兼 減価償却計算書

株式会社 A工業

計算期間 自 平成27年4月1日 至 平成28年3月31日

資産コード	資産名	数量	除却年月日 取得年月日	償却方法	耐用年数 償却率	償却月数	取得価額	期首帳簿価額	当期増加額 当期減少額	普通償却額	特別(割増)償却額	当期損失額 当期償却額	期末帳簿価額	減損失累計額 償却累計額	備考
	【00 工場】														
0211-01	工場	1	平25.10.1	定額	38 0.027	12	10,500,000	10,078,577		283,500		283,500	9,795,077	704,923	
	【00 建物】期末合計						10,500,000	10,078,577		283,500		283,500	9,795,077	704,923	
	【10 建物付属設備】														
0212-01	電気設備	1	平25.10.1	定率	15 0.133	12	6,300,000	5,090,261		677,004		677,004	4,413,257	1,886,743	
	【10 建物付属設備】期末合計						6,300,000	5,090,261		677,004		677,004	4,413,257	1,886,743	
	【50 車両運搬具】														
0215-01	トヨタプリウス	1	平25.10.1	定率	6 0.333	12	2,600,000	1,445,456		481,336		481,336	964,120	1,635,880	
0215-02	2tトラック	1	平25.10.1	定率	6 0.333	12	2,800,000	1,556,645		518,362		518,362	1,038,283	1,761,717	
0215-03	軽トラック	1	平27.8.4	定率	4 0.500	8	432,000		432,000	144,000		144,000	288,000	144,000	取得
	【50 車両運搬具】期末合計						5,832,000	3,002,101	432,000	1,143,698		1,143,698	2,290,403	3,541,597	
	【80 機械装置】														
0213-01	高速旋盤	1	平25.10.1	定率	10 0.200	12	1,200,000	864,000		172,800		172,800	691,200	508,800	
0213-02	集塵機	1	平25.10.1	定率	10 0.200	12	630,000	453,600		90,720		90,720	362,880	267,120	
0213-03	切断機	1	平25.10.1	定率	10 0.200	12	840,000	604,800		120,960		120,960	483,840	356,160	
0213-04	NC旋盤	1	平25.10.1	定率	10 0.200	12	13,000,000	9,360,000		1,872,000		1,872,000	7,488,000	5,512,000	
0213-05	溶接機	1	平25.10.1	定率	10 0.200	12	735,000	529,200		105,840		105,840	423,360	311,640	
0214-06	研磨機	1	平27.11.14	定率	10 0.200	5	432,000		432,000	36,000		36,000	396,000	36,000	取得
	【80 機械装置】期末合計						16,837,000	11,811,600	432,000	2,398,320		2,398,320	9,845,280	6,991,720	
	【有形固定資産】期末合計						39,469,000	29,982,539	864,000	4,502,522		4,502,522	26,344,017	13,124,983	

Ⅱ 貸借関係（資産科目） 77

② 固定資産と減価償却台帳の照合

　固定資産については数年にわたっての管理が必要となります。前述**30**の配置表の番号と資産に貼り付けたシールの番号と減価償却台帳の該当資産のコードを一致させます。そして、定期的（少なくとも決算時）に現物と配置表、減価償却台帳を照合し、減価償却台帳の記載と実際の資産に差異が生じるのを防止します。具体的な手順は前述**30**のとおりです。

　なお、除却等を行った場合には、除却等の経理処理を行うとともに配置表から削除し、実際の資産と減価償却台帳、配置表を一致させます。

32 有価証券・出資金・会員権
名義の適切な変更

☑チェックシートの点検項目

科目等		点検項目
有価証券・出資金・会員権	32	名義は適切に変更されていますか。

▶ガイドブックの具体的な点検内容・解説

具体的な点検内容	解説
会社所有のものについて、代表者等が変わった場合など、名義が適切に変更されていますか。	名義変更が適切に行われることによって、後日の紛争を防止します。

・・・・・・・・・・・・・・・・・・・・・・・・ 解　説 ・・・・・・・・・・・・・・・・・・・・・・・・

① 有価証券の名義

　有価証券（株式・証券投資信託の受益証券・公社債など）や出資金、会員権については、会社所有のものについて代表者等が変わった場合や、会社が取得したもので個人名義になっている場合は、名義を適切に変更する必要があります。名義変更を適切に行うことにより所有権の主張による紛争や、税務調査における疑義が生じるリスクを回避できます。

　＜実際の所有者と名義人が異なっている場合の例＞
　①　個人事業のときに信用金庫の出資金を有しており、法人成りの際に名義変更を行っていない場合
　②　個人名義で取得したゴルフ会員権について、法人名義で登録可能であ

るが、名義変更の費用負担等の理由から変更していない場合

　なお、名義変更を行うことが難しい場合には、名義人と覚書を交わしておきます。

覚　書

　株式会社近税商会を甲とし、近税太郎を乙とし、乙の名義である○○ゴルフ会員権について、法人名義が認められていないため、下記のとおり合意したので覚書を締結する。

第１条　甲は乙名義となっている○○ゴルフ会員権について、甲が所有していることを確認する。

第２条　○○ゴルフ会員権の所有にあたって生じる諸費用については甲が負担するものとする。

第３条　本覚書に定めのない事項並びに本覚書の内容につき変更が生じることとなった場合は、甲乙協議のうえ、誠意をもってこれを解決するものとする。

　本覚書の成立を証するため、本覚書を２通作成し、甲及び乙は各１通を所持する。

　　平成　年　月　日

　　　　　　　　　　　　　　　住所：
　　　　　　　　（甲）　　　会社名：株式会社　近税商会
　　　　　　　　　　　　　　　代表取締役　　近税　太郎　㊞

　　　　　　　　　　　　　　　住所：
　　　　　　　　（乙）　　　　　　　近税　太郎　　　　㊞

② 管理表の作成

　有価証券や出資金、会員権を取得した場合には、契約書等により取得した際の名義がどのようになっているかを確認し、管理表を作成します。

　特に会員権については個人会員に限定されているものもあるため、名義人が退任又は退職した際には名義変更手続きを行うとともに管理表も修正します。

銘柄：A株式

日付	取引内容	数量	取引金額	帳簿価額	名義人	備考
2015/1/21	購入	50	2,500,000	2,500,000	当社	
2015/3/3	売却	10	510,000	2,000,000		

33 貸付金 契約内容の確認・貸付理由の明確化

✓ チェックシートの点検項目

科目等		点 検 項 目
貸付金	33	契約書の内容を確認していますか。 役員、グループ法人への貸付金はその理由が明確にされていますか。

▶ ガイドブックの具体的な点検内容・解説

具体的な点検内容	解　　説
利率、期間等契約条件は適正ですか。 役員、グループ法人への貸付金について、稟議書・決裁書等により、その理由が明確にされていますか。	内部の不正等を未然に防止します。 貸付先との後日の紛争を防止します。

……………………………… 解　　説 ………………………………

1 契約内容の確認

　会社が他の者への貸付けを行う際には、後日の紛争を防止するためにも契約書を作成し、貸付利率や貸付期間を明確にします。

　また、役員や関連会社への貸付けについては、不正を防止するためにも稟議書等を作成して貸付け理由等を明らかにすることが必要です。

34 貸付金 回収の遅延理由の明確化

☑ チェックシートの点検項目

科目等		点 検 項 目
貸付金	34	回収が遅延しているものについては、その理由が明らかにされていますか。

▶ ガイドブックの具体的な点検内容・解説

具体的な点検内容	解　　説
回収が遅延している貸付金について貸付先に督促し、その理由を確認していますか。	不良債権化、貸倒れ防止に役立ちます。滞留の理由を記録することにより債権回収に役立ちます。

································· 解　　説 ·································

1 回収状況の把握

　貸付けを行っている場合には、各回収時期において適正に入金が行われているか確認しなければなりません。

　なお、契約書を作成することにより、貸付金額・貸付期間・貸付利率・回収方法が明らかとなり、回収予定表の作成が可能となります。

　相手先毎に回収予定表を作成して回収状況を確認します。もし、回収が遅延している場合には、相手先に督促するとともに、その理由を明らかにして後日の紛争を防止する必要があります。

<回収予定表と仕訳の例>

A社貸付金

貸付日：2015/2/1

貸付金額：3,600,000円

貸付利率：年2.0％

貸付期間：3年

日付	返済金額	元本	利息	残額
2015/2/1				3,600,000
2015/2/28	105,523	100,000	5,523	3,500,000
2015/3/31	105,945	100,000	5,945	3,400,000
2015/4/30	105,589	100,000	5,589	3,300,000
2015/5/31	105,605	100,000	5,605	3,200,000
2015/6/30	105,260	100,000	5,260	3,100,000
⋮	⋮	⋮	⋮	⋮

2015年2月1日

　　（借方）長期貸付金　3,600,000円　　（貸方）普 通 預 金　3,600,000円

2015年2月28日

　　（借方）普 通 預 金　105,523円　　（貸方）長期貸付金　100,000円
　　　　　　　　　　　　　　　　　　　　　　受 取 利 息　　5,523円

2015年3月31日

　　（借方）普 通 預 金　105,945円　　（貸方）長期貸付金　100,000円
　　　　　　　　　　　　　　　　　　　　　　受 取 利 息　　5,945円

35 貸付金 受取利息の適正な利率での計上

✅ チェックシートの点検項目

科目等		点 検 項 目
貸付金	35	受取利息は適正な利率で計上されていますか。

▶ ガイドブックの具体的な点検内容・解説

具体的な点検内容	解　　説
著しく高い又は低い利率で受取利息が計上されていませんか。 特に役員、グループ法人からの利息には注意が必要です。	内部の不正等を未然に防止します。 貸付先との後日の紛争を防止します。

.... 解　説 ....

① 受取利息の計上

　貸付けを行っている場合には、契約書で相手先、金額、回収期間、利率などを確認し、貸付利息については契約書に則り適正に計上します。

　回収が滞っている場合においても未収利息として受取利息の計上が必要です。

② 税務上の留意点

　法人税法上は、貸付利率が低い場合には通常の利率との差額が寄附金（貸付先が役員等の場合は給与）として取り扱われ、貸付利率が高い場合には通常の利率との差額が受贈益として取り扱われます。

Ⅱ　貸借関係（資産科目）

特に、役員やグループ法人への貸付けについては恣意性が介入していないか確認が必要です。

36 貸付金 定期的な残高確認の実施

☑チェックシートの点検項目

科目等		点 検 項 目
貸付金	36	貸付先に対して、定期的に残高確認が実施されていますか。

▶ガイドブックの具体的な点検内容・解説

具体的な点検内容	解　　説
書面等により貸付先と相互に残高確認を行っていますか。	内部の不正等を未然に防止します。 貸付先との後日の紛争を防止します。

──────────── 解　　説 ────────────

1 定期的な残高確認

　会社が認識している貸付金残高が貸付先の認識している残高と一致しているか定期的に確認する必要があります。

　確認の際には後日の紛争を防止するためにも書面で行うのが良いでしょう。

　定期的に残高の確認をすることにより、内部の不正等を防止するとともに、経理処理の適正性を確認することができます。

III 貸借関係（負債・資本科目）

37 支払手形
補助簿と発行控の定期的な照合

✓ チェックシートの点検項目

科目等		点 検 項 目
支払手形	37	支払手形記入帳と手形発行控とを定期的に照合していますか。

▶ ガイドブックの具体的な点検内容・解説

具体的な点検内容	解　説
手形発行控（支払手形の控え（耳））と補助簿（支払手形記入帳）の相手先、金額は一致していますか。	経理水準が向上します。 相手先との後日の紛争を防止します。 資金繰りの安定に繋がります。

———————— 解　説 ————————

1 支払手形

　支払手形とは、債務の支払いのために振り出した約束手形、あるいは支払いを引き受けた為替手形のことをいいます。

手形種類	定　義	解　説
約束手形	振り出した手形の券面に記載された金額を一定の期日（支払期日）に支払うことを約束する手形をいいます。	一般的には約束手形が多く利用されており、通常手形といえば約束手形のことをいいます。
為替手形	振り出した手形の券面に記載された金額の支払いを売掛金等の債権のある取引先に引き受けてもらい、一定の期日（支払期日）に支払ってもらう場合に使用する手形をいいます。	現在の日本においてはあまり使用されていませんが、外国貿易取引等の遠隔地と取引するような場合に使用される場合があります。

約束手形を振り出したり、為替手形を引き受けるということは、数か月後の支払期日にその手形が決済されることとなりますが、その支払期日に資金不足で手形代金を決済できなければ、その手形は不渡りとなります。不渡りを出せば不渡り処分を受け取引先でない銀行等にも通知されるため、企業の信用の低下を招くことになります。6か月以内に2度目の不渡りを出せば取引停止の処分を受けることとなります。この取引停止の処分を受けると金融機関との取引が2年間できなくなります。

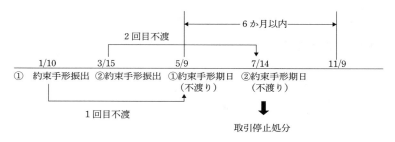

　したがって、約束手形を振り出したり、為替手形の引き受けを行った場合は、支払手形記入帳という補助簿を作成して、いつ手形代金の支払期日が到来するかの管理を行う必要があります。

② 支払手形記入帳

　支払手形記入帳とは、支払手形に関する情報（いつ、誰に、いくらの手形を振り出したか、手形の支払期日はいつか等）を記録し管理するための帳簿です。
＜例＞
　　5月15日に㈱鈴木商店に買掛金の支払いとして約束手形500,000円を振り出し、8月14日に満期を迎え決済された。

支払手形記入帳

平成×× 年		手形番号	摘 要	受 取 人	振出日		満期日		支払場所	金　額	顛末		
月	日				月	日	月	日			月	日	摘要
5	15	AB001	買掛金	㈱鈴木商店	5	15	8	14	○×銀行	500,000	8	14	決済

　支払手形記入帳をみれば、手形の振出から決済までの詳しい情報がわかります。

③ 支払手形の差換え

　手形の支払期日に預金の残高が不足しているなど資金繰りの都合上等から期日を延長するために手形を書き換えて差し換えることがあります。この場合、当初振り出した手形を回収し、新たに手形を振り出すため次の処理を行います。

（借方）支払手形（旧）　10,000　　（貸方）支払手形（新）　10,000

　また、手形の番号や満期日が変わるために支払手形記入帳への記入も必要となります。

④ 印紙税

　約束手形や為替手形を振り出すときには、その手形の振出人は印紙税3号文書に規定される収入印紙を貼り、その印紙に印鑑等で消印をしなければなりません（203頁以降印紙税参照）。

Ⅲ　貸借関係（負債・資本科目）

38 買掛金・未払金・未払費用
買掛一覧表と請求金額の確認

☑ **チェックシートの点検項目**

科目等		点 検 項 目
買掛金・ 未払金・ 未払費用	38	補助簿（買掛一覧表、仕入先元帳）と請求書の金額は一致していますか。

▶ **ガイドブックの具体的な点検内容・解説**

具体的な点検内容	解　　説
仕入先からの請求の内容と補助簿（買掛一覧表、仕入先元帳）を照合していますか。	経理水準が向上します。 仕入先との後日の紛争を防止します。 資金繰りの安定に繋がります。

················· 解　　説 ·················

1 買掛金・未払金・未払費用

(1) 買掛金

買掛金とは、原材料や商品の購入など仕入先との通常の営業取引により発生した未払債務をいいます。

＜仕訳例＞

　（借方）仕　　　入　　100,000　　（貸方）買　掛　金　　100,000

(2) 未払金

買掛金と同様の未払債務に未払金がありますが、未払金は固定資産や事務用品などの原材料や商品の購入以外の購入代金の未払額を処理する科目です。

＜仕訳例＞

　（借方）事務用品費　　10,000　　（貸方）未　払　金　　10,000

(3) 未払費用

　未払費用は、一定の契約に従い、継続してサービスの提供を受ける場合に既に提供を受けたサービスに対し対価の支払いが終わっていない未払額を処理する科目です。

　また、この未払費用と未払金とは区別しなければなりません。

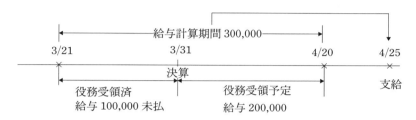

＜仕訳例＞

　3月31日　決算整理仕訳

　　　　　（借方）給　　与　　100,000　（貸方）未払費用　　100,000

　給与の計算期間が3月21日から4月20日までの場合に、決算期末の3月31日において3月21日から3月31日までの期間は従業員から役務の提供を受けているため100,000を未払計上します。

　4月1日　翌期首振替仕訳

　　　　　（借方）未払費用　　100,000　（貸方）給　　与　　100,000

　4月25日　給与支給日仕訳

　　　　　（借方）給　　与　　300,000　（貸方）現金預金　　300,000

　4月25日の給与の支給日に3月21日から4月20日の給与300,000が支払われますが、300,000のうち3月21日から3月31日までの100,000は決算期末において既に計上されています。しかし、給与支払時（4月25日）は支給額300,000で上記仕訳が行われた場合には、既に計上されている100,000を取り消すために、4月1日において決算期末に行った仕訳の逆仕訳をする必要があります。

② 買掛金・未払金の管理

　買掛金については、その相手先は少数のことも、相当数にのぼることもあります。少数の場合でも、取引件数が大量のこともあります。この買掛金については、日常業務として仕入先別に買掛金を記録・集計し、毎月一定の日に締め切り、仕入先からの請求書と照合したうえで支払いを行います。この管理をおろそかにすると、支払いがルーズになり企業としての信用度が低く評価されたり、二重払いなど会社の財産を社外に流出させることにもなります。買掛金を記録・集計して管理するためには、仕入先別に買掛一覧表や仕入先元帳の補助簿を作成し、請求書の金額と補助簿の残高を照合します。

　請求書と補助簿の金額が合っていない場合は、買掛金の二重払いや仕入の二重計上を行っている、あるいは支払時に他の経費項目と間違えて経理処理を行っていることが考えられます。

　また、未払金についても買掛金と同様に未払金元帳等を作成し管理することも有用です。

39 買掛金・未払金・未払費用
マイナス残高の理由の明確化

☑ **チェックシートの点検項目**

科目等		点 検 項 目
買掛金・未払金・未払費用	39	残高がマイナスになっている取引先がないか確認しましたか。

▶ **ガイドブックの具体的な点検内容・解説**

具体的な点検内容	解　　説
補助簿等の残高を取引先ごとに確認しましたか。過払いになっているものはありませんか。	取引先との後日の紛争を防止します。資金繰りの安定に繋がります。内部の不正等を未然に防止します。

┄┄┄┄┄┄┄┄┄┄┄┄┄┄ 解　　説 ┄┄┄┄┄┄┄┄┄┄┄┄┄┄

1 補助簿の残高確認

　補助簿（買掛一覧表、仕入先元帳、未払金元帳）は総勘定元帳の買掛金等の内訳明細書となります。したがって、総勘定元帳の買掛金や未払金の残高と補助簿の合計額は必ず一致することとなります。

　ただし、これらが一致していても別の仕入先や購入先に誤って計上すれば、補助簿が実際の残高と異なることとなります。また、仕入や費用の計上漏れや二重払いのほか、商品代金を前払いした時に前渡金で処理せずに買掛金で処理していた場合などには、補助簿の残高がマイナス（借方残高）になる場合があります。

　そこで、月末などの締日に各仕入先ごとの残高を確認し、残高が誤っていた場合は適切に修正をしなければなりません。

2 前渡金への振替え

　前渡金は、商品や原材料などの受入や外注加工の完了の前に、その代金の一部又は全部を先払いした場合に使用します。本来は前渡金として処理するのですが、買掛金として処理した場合には、次のように買掛金がマイナス残高となることがあります。

① 商品代金10万円のうち6万円を前払いした。
② 後日に商品の受け入れを行い残額4万円は掛とした。

	前渡金処理の場合の仕訳	買掛金処理の場合の仕訳
①前払時	（借方）前渡金　（貸方）現金預金 　　　　60,000　　　　　　60,000	（借方）買掛金　（貸方）現金預金 　　　　60,000　　　　　　60,000
②商品受入時	（借方）仕　入　（貸方）前渡金 　　　　100,000　　　　　60,000 　　　　　　　　　　　買掛金 　　　　　　　　　　　40,000	（借方）仕　入　（貸方）買掛金 　　　　100,000　　　　　60,000 　　　　　　　　　　　買掛金 　　　　　　　　　　　40,000

　①が1月10日で、②が1月25日であった場合は、次のとおりいずれの場合も1月31日の買掛金の残高は40,000円となり一致します。

＜期中に解消する場合＞

	前渡金処理の場合			買掛金処理の場合	
	前渡金勘定	仕入勘定	買掛金勘定	仕入勘定	買掛金勘定
1月10日	60,000				-60,000
1月25日	-60,000	100,000	40,000	100,000	100,000
1月31日	0	100,000	40,000	100,000	40,000

　しかし、①が3月25日で3月31日の決算日までに商品の受け入れが行われなかった場合には、買掛金勘定で処理したときは買掛金勘定の残高は次のとおり60,000円の借方残高、いわゆるマイナス残高となっています。したがって、決算において買掛金から前渡金に振り替える処理を行います。

＜期末にマイナス残がある場合＞

	前渡金処理の場合			買掛金処理の場合	
	前渡金勘定	仕入勘定	買掛金勘定	前渡金勘定	買掛金勘定
3月25日	60,000				－60,000
3月31日				60,000	60,000
3月31日	60,000	0	0	60,000	0

＜決算時の処理＞

（借方）前渡金　　60,000　　（貸方）買掛金　　60,000

　この処理を行うことにより、期末において前渡金残高が6万円、買掛金残高が0となります。

40 買掛金・未払金・未払費用
支払の遅延理由の明確化

☑ チェックシートの点検項目

科目等		点 検 項 目
買掛金・未払金・未払費用	40	支払が滞留しているものはないか確認しましたか。

▶ ガイドブックの具体的な点検内容・解説

具体的な点検内容	解　　説
自社の支払条件に基づいて支払われていますか。滞留しているものは、その理由が明らかにされていますか。	取引先との後日の紛争を防止します。

.... 解　　説 ....

① 遅延理由の明確化

　買掛金、未払金、未払費用は毎月一定の日に締め切って、予め定めておいた支払日に支払うこととなります。すなわち、一定の締日ごとに送付されてきた請求書と検収記録や買掛金等の補助簿記録に基づく残高と照合したうえで支払いを行います。

　そのためには自社の支払条件を定め、その条件や契約に基づいて支払いを行う必要があります。

　また、長期にわたり支払いが滞留している残高がある場合には、その原因を明らかにし適切に処理しなければなりません。この長期滞留している債務については、税務調査において債務としての性格に疑義があるものとして否

認される可能性があるので注意が必要です。

　長期にわたり支払いが滞留している残高がある場合には、仕入が重複しているか、支払時に他の経費項目として経理処理を行った等の誤りが原因である可能性があります。

41 買掛金・未払金・未払費用
支払条件の変更理由の明確化

☑チェックシートの点検項目

科目等		点　検　項　目
買掛金・未払金・未払費用	41	支払条件の変化について確認しましたか。

▶ガイドブックの具体的な点検内容・解説

具体的な点検内容	解　説
支払条件の変更について取引先は同意していますか。支払条件について書面などにより確認していますか。	取引先との後日の紛争を防止します。

······················· 解　説 ·······················

① 条件変更の同意

　自社の資金繰りや締日の変更などにより、支払条件の変更をする場合があります。その場合には、取引先との後日の紛争を防止するためにも、その変更の内容を取引先の同意を得て、書面により確認することが必要です。

42 買掛金・未払金・未払費用
期末の締め後の取引の計上

☑チェックシートの点検項目

科目等		点 検 項 目
買掛金・未払金・未払費用	42	決算期末においては、締め後の取引についても買掛金等に含めていますか。

▶ガイドブックの具体的な点検内容・解説

具体的な点検内容	解　説
決算期末において、締め後に発生した取引で、買掛金等計上漏れのものはありませんか。	経理水準が向上します。

·········· 解　説 ··········

1 帳端の計上

　買掛金・未払金・未払費用については決算期末において、帳端の計上に注意が必要です。決算日と請求書の締日が同じであれば帳端の計上は必要ありませんが、同じでない場合は帳端の計上が必要です。この場合は、請求書や納品書において締日から決算日までの仕入を確認し計上します（49頁コラム「帳端」とは？参照）。

　また、翌期の仕入先元帳等の補助簿を約1か月程度確認し、仕入、返品、値引等の計上漏れがないかを確認する必要があります。決算業務の重要な考慮事項の一つに、収益費用の期間帰属の問題があります。収益及び費用は、原則として発生した事業年度において計上しなければなりません。

　期末直前に多額の仕入が計上され、翌期に入ってすぐに返品や値引きを受

けている場合は、不正な取引の可能性もあります。また、期末直前の仕入については、棚卸資産の計上が漏れることが多く、漏れた場合には税務調査において修正等の対象となります。

したがって、期末直前の仕入等については、特に計上漏れや不正経理がないかどうかを確認しなければなりません。

ご請求書		ご請求日　平成27年4月20日				
株式会社　〇×商事　御中			株式会社　△△			
当月ご請求額	77,220					
日付	品名	数量	単価	小計	備考	
H27.3.21	〇〇〇〇	10	1,000	10,000		
H27.3.25	××××	5	500	2,500		この部分を帳端として計上する。
H27.3.31	△△××	20	700	14,000		
H27.4.5	〇×〇×	15	800	12,000		
H27.4.13	△××〇	20	1,000	20,000		
H27.4.19	〇〇〇〇	13	1,000	13,000		
		合計		71,500		
		消費税　8％		5,720		

例えば、上記の請求書（3月21日から4月20日まで）の場合において、決算日が3月31日の場合は、3月21日から3月31日までの仕入金額26,500円（税抜）を当期の仕入として計上しなければなりません。さらに、これに対応する消費税額2,120円も計上します。納品書や翌期に送付される請求書等により、申告までにこれらの金額を確認して、計上漏れがないようにする必要があります。

43 買掛金・未払金・未払費用
1年経過した未払配当の源泉徴収

☑チェックシートの点検項目

科目等		点 検 項 目
買掛金・未払金・未払費用	43	配当の未払金については、支払が確定した日から1年が経過したものについて、適正に源泉徴収がされていますか。

▶ガイドブックの具体的な点検内容・解説

具体的な点検内容	解　　説
支払が確定した日から1年が経過した未払の配当金はありませんか。 これについて源泉徴収していますか。	適正な源泉徴収に繋がり、経理水準が向上します。

.... 解　　説 ....

1 配当の源泉徴収

　当社の株主や出資者に配当する場合には、配当の支払いの際に株式等の区分に応じて所得税を源泉徴収しなければなりません。

　上場株式等以外の配当の場合は、20.42％の税率により所得税及び復興特別所得税が源泉徴収されます。

2 所得税等の納付

　配当等を支払う際に源泉徴収した所得税及び復興特別所得税は「配当等の所得税徴収高計算書」により、支払った月の翌月10日までに納付しなけれ

ばなりません。ただし、この納付期限の日が土、日、祝日の場合には、その休日明けの日が納付期限となります。

　また、支払いが確定しているにも関わらず、確定した日から１年を経過しても未払いの場合には、その１年を経過した日に支払いがあったものとみなして、その未払配当について所得税及び復興特別所得税を源泉徴収し、その日の属する月の翌月10日までに納付しなければなりません。

　上記いずれの場合でも、納付しなければ、延滞税や不納付加算税などを負担しなければならないことがあります。

●配当等の所得税徴収高計算書

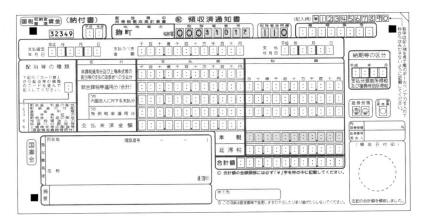

　なお、株主が有する配当金支払請求額の消滅時効は民法上10年です。定款において10年以外の期間を定めた場合には、不当に短いものでない限り、その定めは有効なものとして判例上も決められています。この消滅時効の期間や定款で定めた期間を経過し、なお未払いの場合には、その配当の額を雑収入として益金に計上します。

44 前受金・仮受金・預り金
相手先・金額・内容の個別確認

☑チェックシートの点検項目

科目等		点 検 項 目
前受金・仮受金・預り金	44	相手先、金額及び内容を個別に確認していますか。

▶ガイドブックの具体的な点検内容・解説

具体的な点検内容	解　　説
利率、期間等契約条件は適正ですか。 役員、グループ法人からの仮受金について、稟議書・決裁書等によりその理由が明確にされていますか。	内部の不正等を未然に防止します。 相手先との後日の紛争を防止します。

.... 解　　説 ....

1 前受金

　前受金とは、商品・製品の販売、工事の請負、加工その他サービスの提供に際し、商品等の引き渡し又はサービスの提供の完了の前に、代金の一部又は全部を受け取った場合に、その金額を一時的に処理する科目です。前受金に計上したもののうち、既に商品等の引き渡しを行ったり、サービス等の提供を受けたものがあれば、売上等適切な科目に振り替えなければなりません。

　貸借対照表上では、原則として流動負債の部に表示します。なお、5年分の家賃を収受した場合等には、長期前受金となる部分もあります。

　また、一定の契約に基づいて継続して役務の提供を行う場合に、いまだ行っていない役務の提供に対し支払いを受けた対価については、前受収益に

計上しなければなりませんので、科目の間違いがないかどうか、内容を確認することが必要です。

② 仮受金

仮受金とは、入金があったもののうち、その内容が確定していないために、本来計上すべき勘定科目に計上できない場合に、一時的に処理する科目です。その内容が確定すれば、本来の勘定科目に振り替えます。

特に法人の役員や子会社等のグループ企業からの仮受金については、内容を精査することが必要です。

③ 預り金

預り金とは、従業員等の給与などについて預かった源泉所得税、住民税、社会保険料等や社内預金制度がある場合に預かった社内預金などを処理する科目です。その他、受け入れた敷金や保証金を預り金で処理する場合もあります。

したがって、相手先や金額及び内容等を個別に確認し、管理する必要があります。例えば、預り金のうち、預り保証金のように収入に振り替える部分が含まれていないかどうかを確認する必要があります。

④ 定義と例示

勘定科目	定　義	例　示
前受金	商品代金等の一部又は全部を先に受け取った場合に使用します。	来月に納品する商品等の販売代金の手付金として受け取った場合
仮受金	仮受けで未精算のものが計上されます。	得意先から振込があったが、その入金の内容が未確定の場合
預り金	従業員が負担する支出を一時的に預かった場合に使用します。	11月分の所得税を11月25日に徴収し、12月10日に納付した場合

45 前受金・仮受金・預り金
多額化している科目等の確認

☑チェックシートの点検項目

科目等		点検項目
前受金・仮受金・預り金	45	未精算の残高・期間が多額・長期化しているものがないか確認していますか。

▶ガイドブックの具体的な点検内容・解説

具体的な点検内容	解説
仮受金等の残高が多額であったり、期間が長期化しているものがないか確認していますか。 借入金に該当するものがありますか。	経理水準が向上します。 内部の不正等を未然に防止します。

·········· 解　説 ··········

① 長期未精算金等の確認

　仮受金等は、一時的な入金を処理する勘定科目です。内容や金額が確定すれば本来の勘定科目へ振り替えます。

　残高が多額であったり、期間が長期化しているものがある場合には本来の勘定科目への振り替えが必要です。また、実質的に借入金に該当するものがないかなどを個別に確認しなければなりません。

2 実務上の留意点

　仮受金等の中に実質的に借入金に相当する金額がある場合は、原則として適正な利率を基に利息を計算する必要があります。特に関連会社からの借入の場合には利息が支払われないことがありますので、この場合には未払金として計上する必要があります。

46 前受金・仮受金・預り金
納付遅延の預り金の確認

☑ チェックシートの点検項目

科目等		点 検 項 目
前受金・仮受金・預り金	46	納付が遅延している源泉所得税や社会保険などの預り金はありませんか。

▶ ガイドブックの具体的な点検内容・解説

具体的な点検内容	解　　説
源泉所得税や社会保険料などについては期限内に納付していますか。	経理水準が向上します。

・・・・・・・・・・・・・・・・・・・・・・ 解　　説 ・・・・・・・・・・・・・・・・・・・・・・

1 源泉所得税

(1) 原則

　従業員から徴収した源泉所得税及び復興特別所得税は、原則として給与を支払った月の翌月の10日までに納付しなければなりません。

(2) 例外（納期限の特例）

　給与の支給人員が常時9人以下の場合には「源泉所得税の納期の特例の承認に関する申請書」を、給与等の支払事務を行う事務所等を所轄する税務署長に提出し承認を受けることにより、1月から6月までに源泉徴収した源泉所得税等は7月10日、7月から12月までに源泉徴収した源泉所得税等は翌年1月20日を納期限として納付することができます。給与や退職金から源泉徴収した源泉所得税等と税理士等の一定の報酬から源泉徴収した源泉所得

税等が特例の対象になります。

(3) 納付しなかった場合

　納期限に源泉所得税等を納付しなかった場合には、源泉徴収税額の10％（一定の場合には5％）の不納付加算税（損金不算入）が課される場合がありますので、納付漏れがないように関係帳簿と突合する必要があります。

② 社会保険料

　健康保険料、厚生年金保険料、介護保険料等の社会保険料は、会社と従業員が折半して負担します。そのうち、従業員の給与から天引きした社会保険料（従業員負担分）を預り金として処理します。社会保険料は、会社負担分と従業員負担分の合計額を徴収した翌月の末日に引落等の一定の方法により納付することになります。

　この社会保険料も納期限までに納付しなかった場合は、延滞金が課される場合がありますので源泉所得税と同様に納付漏れがないよう関係帳簿と突合する必要があります。

　＜納付時の仕訳＞
　（借方）法定福利費（会社負担分）　×××　（貸方）現金預金　×××
　　　　　預　り　金（従業員負担分）　×××

③ 預り金の管理

　この預り金には、さまざまな種類があり、支払時期が異なります。納付漏れがないようにするには、預り金に①源泉所得税、②住民税、③健康保険料、④厚生年金保険料、⑤雇用保険料などの独立した補助科目を設けて残高や期日を管理することも有用な方法です。

47 借入金
契約内容の確認・借入理由の明確化

✅ チェックシートの点検項目

科目等		点 検 項 目
借入金	47	契約書の内容を確認していますか。 役員、グループ法人からの借入金はその理由が明確にされていますか。

▶ ガイドブックの具体的な点検内容・解説

具体的な点検内容	解　　説
利率、期間等契約条件は適正ですか。 役員、グループ法人からの借入金について、稟議書・決裁書等により借入の理由が明確にされていますか。	内部の不正等を未然に防止します。 借入先との後日の紛争を防止します。

·········· 解　　説 ··········

① 契約内容の確認

　借入金とは、外部から資金を借り入れた場合の金銭債務です。

　資金の借入を行った場合は、金銭消費貸借契約書が交わされますので利率や借入期間等の契約条件を確かめる必要があります。通常は銀行等の金融機関から行われますが、法人の役員などの個人やグループの法人から行われることもあります。

　しかし、法人の役員等の個人やグループ法人からの借入金については、利率や借入期間等の返済条件が曖昧であったり、恣意的なケースもあり、金銭消費貸借契約書さえ存在しない場合もあります。借入先との後日の紛争を防

止するためにも契約書を作成し、契約書に基づいた利息の支払い及び返済を行わなければなりません。

　また、法人の役員等の個人やグループ法人からの借入については、稟議書・決裁書等の書面により借入の理由や資金の源泉が明らかにされていることも確認する必要があります。

48 借入金 支払利息の適正な利率での計上

☑ チェックシートの点検項目

科目等		点 検 項 目
借入金	48	支払利息は適正な利率で計上していますか。

▶ ガイドブックの具体的な点検内容・解説

具体的な点検内容	解　　説
著しく高い又は低い利率で支払利息が計上されていませんか。 特に役員、グループ法人への利息には注意が必要です。	経理水準が向上します。 借入先との後日の紛争を防止します。

──────── 解　　説 ────────

① 適正な支払利息の計上

　金融機関以外からの借入金については、金銭消費貸借契約書と照合し相手先、金額、返済期間、支払条件などを個別に確認します。また、借入利息の計上については契約書どおり、正しく処理されているか確認しなければなりません。

　ただし、役員やグループ法人との金銭消費貸借契約の場合は、著しく高い又は低い利率で支払利息が計上されることがあります。この場合には、寄附金や受贈益であると指摘を受ける可能性がありますので注意が必要です。

借入金
49 定期的な残高確認の実施

☑チェックシートの点検項目

科目等	点 検 項 目	
借入金	49	借入先に対して、定期的に残高確認が実施されていますか。

▶ガイドブックの具体的な点検内容・解説

具体的な点検内容	解　説
借入先に対して書面等で残高を通知し、確認を行っていますか。	内部の不正等を未然に防止します。 借入先との後日の紛争を防止します。

·········· 解　説 ··········

① 定期的な残高確認

　金融機関からの借入金の場合、法人が作成した計算書類の残高と金融機関の残高証明書又は返済明細書と照合し残高の確認を行います。

　また、金融機関以外からの借入金の場合も、借入先に対して自社において計上されている残高を書面等で通知し確認する必要があります。定期的に残高の確認をすることにより、経理処理の適正性を確認することができます。

Ⅳ 損益関係

50 売上　売上計上基準に基づく計上

☑ チェックシートの点検項目

科目等		点 検 項 目
売上	50	自社の売上計上基準に基づいて計上されていますか。

▶ ガイドブックの具体的な点検内容・解説

具体的な点検内容	解　　説
自社の売上計上基準は明確にされていますか。 売上計上基準を変更した場合、その理由は適切ですか。	売上計上基準は、その妥当性や継続性が求められます。 経理水準が向上します。

────────── 解　　説 ──────────

①　売上の計上時期

　会計の目的はその会計期間の損益を適正に計算することです。その会計期間における収益と、これに対応するすべての費用を計上しなければなりません（費用収益対応の原則）。そして、収益と費用の認識基準は、次のようになっています。

収益	実現主義
費用	発生主義（120頁参照）

　収益の認識基準である実現主義では、①製品、商品の販売又はサービスの提供を行い、②これに対する現金及び預金、売掛金、受取手形等を取得した時に売上を認識します。例えば、①商品を売って、②現金を受け取った場合は、①も②も満たすことになります。

　収益の中心となる売上の計上は、「出荷基準」、「引渡基準」、「検収基準」

などがあります。

＜一般的な取引の流れ＞

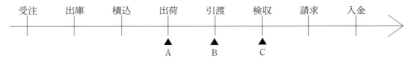

区分	売上計上時期	例
出荷基準	製品、商品等を出荷した時点	A
引渡基準	製品、商品等を得意先に引き渡した時点	B
検収基準	得意先が製品等の検収をした時点	C

　一般的には、倉庫から「出庫」し、自社又は下請け等のトラックに「積込」をし、得意先に向けて「出荷」し、得意先において「引渡」をすることになります。例外はいろいろあります。例えば、得意先がその会社のトラックで引き取りに来た場合は「積込」と「出荷」と「引渡」が同時になりますし、出庫しないまま販売して、「請求」と「入金」が完了しているにもかかわらず、預り在庫として保管し続けることもあります。

② 期末時の留意点

(1) 締日以降の取引

　期末日と売上等の締日が異なる場合には注意が必要です。

　例えば、期末が3月31日である場合に、売上等の締日が3月20日であるときは、3月21日から31日までの取引について、売上に計上しなければなりません。翌月請求分から当期の売上に計上しなければならないものを確認する必要が生じます。また、これに伴う消費税についても注意が必要です（49頁コラム「帳端」とは？参照）。

(2) 適用基準と期中処理が異なる場合

期中の売上の処理と、決算で継続的に適用している売上計上基準が異なる場合には、期末において注意が必要です。

例えば、会社が採用している売上計上基準が引渡基準である場合に、期中においては、出庫した時点で売上に計上しているときは、期末の処理が必要な場合があります。期末時点で得意先に引渡しが完了していないものは、売上に計上しないことになります。具体的には、期末においてその出庫分の売上と消費税を取り消し、棚卸資産に計上します。

③ 実務上の留意事項

売上の計上基準は、会計上も法人税法上も次の取扱いとなります。主要な取引形態の法人税法上の認識時点も、次のとおり、会計上の取扱いと同様になります。

主要な取引形態	原則的な取扱い	例
棚卸資産の販売	引渡しがあった日	・出荷日 ・相手方の検収日　など
請負契約	目的物の全部を引き渡した日か、約した役務の全部を完了した日	・作業を結了した日 ・相手方へ搬入した日 ・相手方の検収日　など
不動産仲介・斡旋	売買契約の効力発生日　など	

収益の計上基準が不明な場合は、顧問税理士と相談し、指導を受けることをお勧めします。売上の計上基準が適切でないと、その収益の帰属する会計期間が相違することになり、複数の会計期間に渡って「期ズレ」が生じます。税務調査において修正申告等の是正措置が必要となることがありますので、収益の計上基準を確認することが重要です。

51 売上 値引き・割引・割戻し等の承認

✓ チェックシートの点検項目

科目等		点 検 項 目
売上	51	値引き、割引、割戻し等は責任者の承認の下に処理されていますか。

▶ ガイドブックの具体的な点検内容・解説

具体的な点検内容	解　　説
値引き等について担当者又は責任者の権限の範囲で適正に処理されていますか。	内部の不正等を未然に防止します。割戻しについては、稟議書、決裁書等があれば、なお良いでしょう。

·········· 解　　説 ··········

1 定義

売上値引き	商品の一部にキズなどがあった場合に、通常より値段を安くして販売すること
売上割引	代金を早く受け取った場合に、通常の支払時期までの期間に対応する利息相当額を価額から減額して販売すること
売上割戻し	販売した量に応じて、受け取った金銭の一部を、リベート等として、後から支払者に戻すこと
稟議書	決裁権を持っている責任者に対して決裁を得るために、担当者が作成し提出する書類
決裁書	決裁権を持っている責任者が、担当者の提出した案の採否を決定した書類

2 適正な処理

担当者が勝手に売上値引き等を決定するということは、不正等を引き起こす原因を作ることにもなりかねません。社内でのルールに従い、権限のある者がその権限の範囲内で適正に売上値引き等の処理をすることが大切です。この際、できれば売上値引き等についての稟議書や決裁書を作成し、社内で保管しましょう。

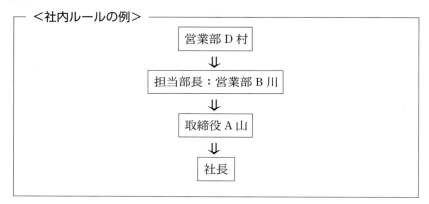

また、売上値引き等の内容の記載された文書は、当社の営業担当者から得意先の仕入担当者を経由して得意先へ届けるのではなく、当社の経理部から得意先の経理部へ直接届くようにすることも不正を防止する観点から重要です。

3 消費税

消費税の課税事業者である場合には、値引き等を行った課税期間において、売上に係る消費税額から、値引き等に対応する消費税額を控除します。ただし、継続して処理していることを条件として、売上金額から直接、値引き等の金額を控除する方法も認められています。

④ 売上割戻しの計上時期

売上割戻しの計上時期は次のとおりとなっています。

		原則	特例
①	算定基準が販売価額又は販売数量によっており、かつ、その算定基準が契約その他の方法により相手方に明示されている場合	販売した日の属する事業年度	継続適用を条件として、売上割戻しの金額の通知又は支払をした日の属する事業年度に計上することとしている場合には、通知又は支払日の属する事業年度
②	①に該当しない場合	その売上割戻しの金額の通知又は支払をした日の属する事業年度	継続適用を条件として、各事業年度終了の日までに、その販売した棚卸資産について売上割戻しを支払うこと及びその売上割戻しの算定基準が内部的に決定されている場合において、法人がその基準により計算した金額をその事業年度の未払金として計上するとともに確定申告書の提出期限までに相手方に通知したときは、その事業年度の売上割戻しの計上が認められる。
③	①又は②に該当する場合でも、法人が売上割戻しの金額につき相手方との契約等により特約店契約の解約、災害の発生等特別な事実が生ずるときまで又は5年を超える一定の期間が経過するまで相手方名義の保証金等として預かることとしているため、相手方がその利益の全部又は一部を実質的に享受することができないと認められる場合	現実に支払った日の属する事業年度	その支払日前に実質的に相手方にその利益を享受させることとした場合には、その享受させることとした日の属する事業年度

(注) 仕入割戻しの取扱いと異なります。

52 売上
相殺前の金額での両建て計上

☑チェックシートの点検項目

科目等		点 検 項 目
売上	52	相殺がある場合には、相殺前の金額で売上に計上していますか。

▶ガイドブックの具体的な点検内容・解説

具体的な点検内容	解　　説
相殺された取引については、差引き計上ではなく、売上と原価で相互に計上されていますか。	自社の売上高を適切に把握できます。消費税の計算誤りを防止するなど、経理水準が向上します。

────────── 解　　説 ──────────

1 総額主義の原則

　損益計算書は、企業の経営成績を明らかにするため、一会計期間に属するすべての収益とこれに対応するすべての費用を記載して経常利益を表示し、これに特別損益に属する項目を加減して当期純利益を表示することが要請されています。

　この場合に、すべての費用及び収益は、その支出及び収入に基づいて計上し、その発生した期間に正しく割り当てられるように処理しなければなりません。また、費用及び収益は総額によって記載することを原則とし、費用の項目と収益の項目を直接に相殺することによって、その全部又は一部を損益計算書から除去してはならないとされています。中小企業の会計に関する基本要領にも次のように記載されています。

中小企業の会計に関する基本要領

> 1．収益、費用の基本的な会計処理
> (4) 収益及び費用は、原則として、総額で計上し、収益の項目と費用の項目とを直接に相殺することによってその全部又は一部を損益計算書から除去してはならない。

「中小企業の会計に関する基本要領」の「解説」

> (4)にあるように、収益と費用は原則として総額で計上する必要があります。例えば、賃借している建物を転貸する場合は、受取家賃と支払家賃の双方を計上することとなります。

　したがって、売上金額と原価や費用の金額を相殺して、純利益だけを計上することは、会計のルールから逸脱することになります。また、正確な売上高や原価や費用を把握することができませんので、会社にとってもデメリットといえます。

　相殺した後の売上高を計上するということは、会計上、問題があるだけでなく、売上高を基にして計算する消費税の計算にも影響があり、間違いを発生させる可能性が高くなり、適切ではありません。

売上原価・製造原価・工事原価
53 仕入計上基準に基づく計上

☑ チェックシートの点検項目

科目等		点 検 項 目
売上原価・製造原価・工事原価	53	自社の仕入計上基準に基づいて計上されていますか。

▶ ガイドブックの具体的な点検内容・解説

具体的な点検内容	解　　説
自社の仕入計上基準は明確にされていますか。 仕入計上基準を変更した場合、その理由は適切ですか。	仕入計上基準は、その妥当性や継続性が求められます。 経理水準が向上します。

······················ 解　　説 ······················

① 会計上の取扱い

(1) 費用の認識

　費用の認識基準である発生主義とは、発生原因となる取引が発生した時又はサービスの提供を受けた時に計上する基準です。主な認識基準は、次のとおりです。

区分	費用認識日
受領基準	製品、商品等を当社が受け取った時点
検収基準	当社が製品等の検収をした時点

　主要な取引形態における原則的取扱いは次のとおりです。

主要な取引形態	原則的取扱い	例
棚卸資産の仕入	引渡しを受けた日	・当社の受取日 ・当社における検収日　など
請負契約	目的物の全部の引渡しを受けた日か、役務の全部が提供された日	・作業を結了した日 ・相手方から引渡しを受けた日 ・当社における検収日　など
不動産仲介・斡旋	売買契約の効力発生日　など	

　特に、決算日前後の仕入については、納品書等の日付や内容を確認するなど、当期もしくは翌期のどちらに計上すべきかを確認し、仕入計上基準を遵守することが重要です。

(2) 原価

① 売上原価

　仕入の計上は期中に行いますが、期末にはその仕入れた商品等を原価に振り替えます。これにより、期末に在庫として現存するものは、商品等として棚卸資産に計上され、売上原価からは除かれます。

　この棚卸資産として計上する金額は、その会社が選択した評価方法により求めます。会計上、認められている評価方法は、個別法、先入先出法、平均法（総平均法・移動平均法）、売価還元法です。

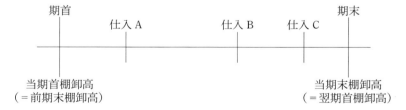

　上記のいずれかの方法で算定した棚卸資産が期末棚卸額となり、次の算式で、当期の売上原価が計算されることになります。

当期売上原価＝期首棚卸高＋仕入A＋仕入B＋仕入C－期末棚卸高

② 製造原価

製造原価は次の式により算出されます。

> 当期製造原価＝期首仕掛品棚卸高＋当期製造費用－期末仕掛品棚卸高

製造費用は、製造に関わる原材料費などの材料費、賃金や給料などの労務費、水道光熱費や家賃などの経費から計算します。

③ 工事原価

工事原価は、工事契約を単位として、その工事に関わる材料費、労務費、外注費、経費から計算します。実務では工事契約ごとに番号を付して管理することが多いと考えられます。

なお、期末に工事が完了していない場合には、その工事に係る経費は「未成工事支出金」として資産に計上し、工事が完了したときに工事原価として認識します。

(3) 妥当性・継続性

上述のとおり、仕入計上基準を遵守することによって、各会計期間の期間損益計算の正当性が確保されます。また継続的に適用することで、期間損益計算の正当性が確保されるのみならず、各期間の比較も可能となりますので、継続的な適用が要請されます。

このため、仕入計上基準を変更する場合には、その変更について合理的な理由が必要になります。

(4) 発注・支払等の体制

不正行為を引き起こさないためにも、担当者だけでは発注できないような体制にしておく必要があります。また、発注のみならず、支払いにおいても横領などの不正を防止するために、担当者だけでは振り込めないような体制にしておく必要があります。

次の判例の事例などを参考にして、不正を防止する体制づくりを目指しましょう。

東京地裁	平成 20 年 2 月 15 日	判時 2005 号 3 頁
東京高裁	平成 21 年 2 月 18 日	訟月 56 巻 5 号 1644 頁
最高裁	平成 21 年 7 月 10 日	税資 259 号―130 順号 11243

【横領の手口】
　支払いを担当する経理職員が、自分の口座への振込用紙を作成し、銀行口座から振り込んだうえで、自分の口座への振込領収書は会社へ提出せず、数年間にわたって横領をしていたという事件です。
　銀行口座からの払戻請求書と各社への振込依頼書の合計を確認していたとすれば、横領をした経理職員はこの手口を思いつかなかったでしょう。また確認すれば、振込前に不正を発見できたと思われます。さらに、実際の振込金額の合計と、振込領収書の合計を確認したとすれば、すぐに不正を発見できたはずです。
　職員に悪い心を起こさせないためにも、社内のチェック体制は必要です。

② 税務上の取扱い

　仕入に関し、会計上の問題は、税務にも関係します。当期の仕入が漏れている場合や、前期の仕入が今期にズレこんで計上されている場合には、複数の会計期間に渡って、法人税額等や消費税額が相違していることになり、会計のみならず、税額にも影響を及ぼします。

　会計のルールを遵守している前提で法人税額等の計算をしますので、適正な会計処理を行うことが求められています。

　なお、税務上認められている棚卸資産の評価方法は、次のとおりです。

評価方法		内　　容	選定の可否	
			会計	税務
個別法		棚卸資産の個々の取得原価をその取得原価とする方法です。なお、この個別法を選定できる棚卸資産は中古車販売や宝石など、個別性の強いものに限定されます。	可	可

Ⅳ　損益関係

会計と税法に共通	先入先出法		種類の同じ棚卸資産について期末時から最も近いものから順次なるものとみなしたものをその棚卸資産の取得価額とする方法です。したがって、期末棚卸高は、期末に近いものから構成されていると考えて計算します。	可	可
	平均法	総平均法	種類の同じ棚卸資産について、期首に有していた取得価額の総額と当期中に取得した取得価額の総額との合計額を、これらの総数量で除したものを1単位の取得価額とする方法です。	可	可
		移動平均法	新たに棚卸資産を取得した都度、そのとき有する棚卸資産と新たに取得した棚卸資産との数量及び取得価額を基礎として算出した平均単価によって1単位の取得価額が改定されたものとして計算し、以後同様の方法により計算し、期末時から最も近いときにおいて改定されたものをその1単位当たりの取得価額とする方法です。	可	可
	売価還元法		棚卸資産を種類等又は通常の差益の率の異なるごとに区分し、期末時における種類等及び通常の差益率等を同じくする棚卸資産の通常の販売価額の総額に原価の率を乗じて計算した金額をその取得価額とする方法です。	可	可
税法に固有	最終仕入原価法		棚卸資産について期末時から最も近いときに取得したものの1単位当たりの取得価額をその1単位当たりの取得価額とする方法です。最終に仕入れた数量よりも多い個数がある場合でも、関係なく最終単価を用いて計算します。なお、この最終仕入原価法は、法人が棚卸資産につき評価の方法を選定しなかった場合、又は選定した方法により評価しなかった場合にこの方法によることとなります（法人税法上の法定評価方法に該当）。	否	可

※　低価法を選定している場合は61頁を参照してください。

54 売上原価・製造原価・工事原価
固定資産に計上すべきものの確認

☑ チェックシートの点検項目

科目等		点 検 項 目
売上原価・製造原価・工事原価	54	自社の固定資産に計上すべきものについて適切に区分しましたか。

▶ ガイドブックの具体的な点検内容・解説

具体的な点検内容	解　説
売上原価等の中に固定資産に該当するものは含まれていませんか。	経理水準が向上します。 売上原価等の中に自社の固定資産があれば、その部分は固定資産に計上します。

……………………………… 解　説 ………………………………

1 資本的支出と修繕費

　固定資産に対する支出が資本的支出に該当するか修繕費に該当するかの判定は、実務上、非常に重要です。

　そのため法人税法施行令や法人税基本通達において資本的支出と修繕費の区分が示されています。その概要は次のとおりです。

修理改良等のための支出金額の判定（概要）

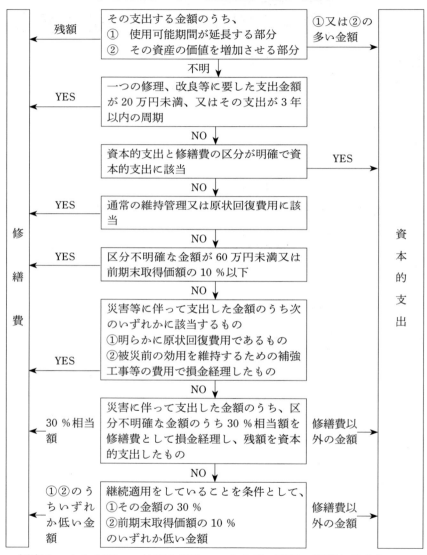

便宜上、上から下への矢印を付けていますが、判定の順序を示すものではありません。

売上原価・製造原価・工事原価
55 専属の外注先と従業員の区分

☑チェックシートの点検項目

科目等		点 検 項 目
売上原価・製造原価・工事原価	55	自社専属の外注先と従業員との区分が明確にされていますか。

▶ガイドブックの具体的な点検内容・解説

具体的な点検内容	解　　説
外注先とは請負契約を結んでいますか。実質においても、従業員と区別ができるような就業形態になっていますか。 実質的には給与である場合、源泉徴収をしていますか。	消費税の適正申告、適正な源泉徴収に繋がり、経理水準が向上します。

·········· 解　　説 ··········

1 外注先と従業員の区分

　外注契約を結んでいる場合でも、それが形式的であり、実態とかい離している場合は、請負とは認められません。請負と雇用の区分が適切でないと、下記2のとおり、源泉徴収や消費税に影響しますので、慎重に判断することが必要です。

(1) 請負契約を締結している外注先

請負契約を締結している外注先とは、おおむね次のような者をいいます。
① 当社から指揮命令をされない
② 外注先は自己責任で事業を引き受けて、損害賠償などの危険負担は、外注先が負担する
③ 当社の就業規則や服務規律等の規制はない
④ 物品等必要材料については原則として自己の負担とする
⑤ 外注先は当社に請負等の報酬を請求する
⑥ 「個人事業の開業届出書」を税務署等に提出している

(2) 雇用契約を締結している従業員

雇用契約を締結している従業員とは、おおむね次のような者をいいます。
① 当社に雇用され、賃金・給与を支払われる者
② 当社の組織下にあって、指揮命令を受ける者
③ 当社の就業規則や服務規律の遵守義務を負い、出社、始業・終業の拘束を受け、労働時間を管理される者
④ 健康保険、厚生年金保険、雇用保険、労災保険の加入対象者

2 請負と雇用の判断を誤った場合

　請負と雇用の判断を誤った場合の取扱いと注意すべき事項は次の表のとおりです。従業員や法人の過年度の申告に影響を及ぼしますので、最初の段階で、就業内容からしっかり判断し、契約書を締結することが重要です。

	外注先としていた者が従業員とされた場合	従業員としていた者が外注先とされた場合
外注費・給料・源泉徴収	・外注費としていたものが従業員に対する給料ということになります。このため、源泉徴収が必要になります。 ・当社の過年度分の申告についても、修正が生じる可能性があります。また、従業員が請け負ったとして所得税の確定申告をしていた場合には、その申告にも影響の出るおそれがあります。	・給料として支払っていた場合に、その職務の内容から外注費とされた場合には、源泉徴収した金額を返済することになります。 ・その金額の多寡により、外注先とされた者は他の所得と一緒に事業所得として、確定申告をする必要が生じることもあります。
社会保険	・法人の場合は、強制加入ですので、社会保険に加入する必要が生じ、給料からは本人負担分を預かる必要も出てきます。 ・法人は会社負担分の保険料とともに、遡って納付する必要がありますが、その期間は最大2年間です。	・社会保険の脱退手続と、すでに預かって納付した社会保険料を返金する手続きが必要になります。 ・外注先とされた者は、国民健康保険と国民年金保険への加入手続きが必要になります。
消費税	・外注費ではなく、給料なので、その外注費にかかる消費税は消費税額の計算上、控除できなくなります。したがって、消費税の修正申告が必要になります。	・給料は消費税は不課税ですので、外注費ということであれば、消費税額の計算上、その外注費に係る消費税額を控除することができます。すでに申告をしている場合には、更正の請求をすることが考えられます。

56 売上原価・製造原価・工事原価
値引き・割引・割戻し等の処理

☑ チェックシートの点検項目

科目等		点 検 項 目
売上原価・製造原価・工事原価	56	値引き、割引、割戻し等は適切に処理されていますか。

▶ ガイドブックの具体的な点検内容・解説

具体的な点検内容	解　　説
値引き等について責任者が把握し、その処理が適正に行われていますか。	経理水準が向上します。 内部の不正等を未然に防止します。

……………………………… 解　　説 ………………………………

1 定義

仕入値引き	商品の一部にキズなどがあった場合に、通常より値段を安くして仕入れること。
仕入割引	代金を早く支払った場合に、通常の支払時期までの期間に対応する利息相当額を価額から減額して仕入れること。
仕入割戻し	仕入れた量に応じて、支払った金銭の一部を、リベート等として、後から受け取ること。

2 適正な処理

　担当者が値引き等を仕入先に依頼する場合には、その依頼方法や内容については、社内でのルールに従い、責任者は必ず把握するようにしましょう。

　また、請求書など値引き等の内容が記載された文書は、仕入先の営業担当者から当社の仕入担当者を経由して受け取るのではなく、仕入先の経理部から当社の経理部が直接受け取るようにすることも重要です。その請求書の内容を確認し、それに従い処理することで、支払額の間違いを防ぐことができるだけでなく、不正も未然に防ぐことができます。

3 消費税

　消費税の課税事業者である場合には、値引き等を受けた課税期間において、仕入に係る消費税額から、値引き等に対応する消費税額を控除します。この場合に、控除しきれないときは、その控除しきれない額を売上に係る消費税額に加算します。

　なお、継続して処理していることを条件として、仕入金額から直接、値引き等の金額を控除する方法も認められています。

4 仕入割戻しの計上時期

仕入割戻しの計上時期は次のようになっています。

		原則	特例
①	算定基準が購入価額又は購入数量によっており、かつ、その算定基準が契約その他の方法により明示されている	購入した日の属する事業年度	――――
②	①に該当しない場合	その仕入割戻しの金額の通知を受けた日の属する事業年度	――――
③	①又は②に該当する場合でも、法人が仕入割戻しの金額につき相手方との契約等により特約店契約の解約、災害の発生等特別な事実が生ずるときまで又は5年を超える一定の期間が経過するまで当社名義の保証金等として預かることとしているため、当社がその利益の全部又は一部を実質的に享受することができないと認められる場合	現実に支払（買掛金等への充当を含む。）を受けた日の属する事業年度	その受取日前に実質的にその利益を享受することとなった場合には、その享受することとなった日の属する事業年度。 ただし、法人が棚卸資産を購入した日の属する事業年度又は相手方から通知を受けた日の属する事業年度の仕入割戻しとして経理している場合には、その事業年度に仕入割戻しの計上が認められる。

(注) 売上割戻しの取扱いと異なります。

57 役員報酬
株主総会の決議等に基づく支給

✓ チェックシートの点検項目

科目等		点 検 項 目
役員報酬	57	株主総会の決議等に基づいて、適切な時期に支給されていますか。

▶ ガイドブックの具体的な点検内容・解説

具体的な点検内容	解　説
議事録で取締役報酬総額、監査役報酬総額の定めがありますか。 また、各人ごとの取締役報酬、監査役報酬を定めていますか。	経理水準が向上します。

·········· 解　説 ··········

1 役員報酬

　取締役の報酬については、定款に定めていないときは、原則として株主総会の決議によって定めます。この場合、株主総会で報酬総額のみを決定し、各取締役間での配分は取締役会の決議に委ねることができると解されています。監査役や会計参与についても同様です。

　したがって、役員の報酬に関する決議が行われた株主総会や取締役会の議事録については、適正に保存するようにしましょう。

第 10 回　定時株主総会議事録

　平成 27 年 5 月 12 日午前 10 時より、当社の本店において、定時株主総会を開催した。

株主総数	5 名
発行済株式総数	500 株
議決権を有する株主数	5 名
その議決権の数	500 個
出席株主数（委任状による出席を含む）	5 名
その他の議決権の数	500 個

　以上のとおり株主の出席があったので、定款の規定により代表取締役　近税太郎は議長席に着き、定時株主総会は適法に成立したので、開会する旨を宣し、直ちに議事に入った。

　　　　　　　　　　　　　決議事項
　　　　第 1 号議案　第 10 期　決算報告書の承認に関する件
　議長は、当期（平成 26 年 4 月 1 日から平成 27 年 3 月 31 日）における事業報告について詳細に説明し、下記の書類を提出して、その承認を求めた。
　1. 貸借対照表
　2. 損益計算書
　3. 株主資本等変動計算書
　4. 個別注記表
　ついで監査役　大阪　美子は、上記の書類は綿密に調査したところ、いずれも正確妥当であることを認めた旨を報告した。総会は、別段の異議なく、承認可決した。
　　　　第 2 号議案　取締役の報酬額の決定の件
　議長は、取締役の報酬額の上限を 84,000,000 円に改定したい旨を述べ、議長がその可否を議場に諮ったところ、満場異議なくこれに賛成を得たので、承認可決した。
　各取締役に対する具体的な配分方法は、取締役会一任と決定してもらいたい旨を述べ、その議決方法をはかったところ、満場異議なくこれを承認可決した。

　以上をもって本総会における報告及び全議案の審議を終了したので、議長は午前 10 時 30 分閉会を宣した。
　上記議事の経過の要領及びその結果を明確にするため本議事録を作成し、議長及び出席取締役が次に記名押印する。

平成 27 年 5 月 12 日

株式会社　近税商会　第10回定時株主総会
　　　　　　　　　　　　議長　代表取締役　近税　太郎　㊞
　　　　　　　　　　　　　　　取締役　　　近税　正子　㊞
　　　　　　　　　　　　　　　取締役　　　鈴木　善助　㊞
　　　　　　　　　　　　　　　取締役　　　田中　次郎　㊞

取締役会議事録

　平成27年5月12日午前10時30分より、当会社本店に於いて取締役全員出席のもとに取締役会を開催した。
　　　取締役総数　　　　　　　　　　　　　4名
　　　出席取締役　　　　　　　　　　　　　4名

　　　　第1号議案　取締役役員報酬の改定に関する件
　議長は上記議案につき、詳細に説明し、下記原案を提出して審議を求めた。

　　　　　　　　　　原案
1. 取締役役員報酬の内訳
　　　代表取締役　近税　太郎　月額　2,000,000円
　　　取締役　　　近税　正子　月額　2,000,000円
　　　取締役　　　鈴木　善助　月額　1,500,000円
　　　取締役　　　田中　次郎　月額　1,500,000円
　以上原案につき慎重協議の結果、全員一致を以って原案通り承認可決した。
　以上会議の目的全議案は終了したので、議長は閉会を宣した。時に午前11時00分。
　上記議決を明確にする為、この議事録を作り議長及び出席取締役が次に記名捺印する。

平成27年5月12日
　　株式会社　近税商会　取締役会
　　　　　　　　　　　　議長　代表取締役　近税　太郎　㊞
　　　　　　　　　　　　　　　取締役　　　近税　正子　㊞
　　　　　　　　　　　　　　　取締役　　　鈴木　善助　㊞
　　　　　　　　　　　　　　　取締役　　　田中　次郎　㊞

2 損金算入・不算入額

(1) 相当な金額

　法人が役員に対して支給する給与の額のうち、不相当に高額な部分の金額については、各事業年度の所得の金額の計算上、損金の額に算入されないことになっています。

　支給限度額が株主総会や取締役会で決定されている場合には、その額を超えていないかという形式的な判断をします。また、勤務実態や従業員の給与の支給状況、同種・同規模の他法人の支給状況などと比較して、不相当に高額ではないかという実質的な判断もします。

3 定期同額給与

　法人が役員に対して支給する給与のうち、各事業年度の所得の金額の計算上、損金の額に算入されるのは、次の3つです。

	定義	留意事項
定期同額給与	支給時期が1か月以下の一定期間ごとであり、かつ支給額が同額であるもの	定期同額給与は、株主総会の議事録や取締役会の議事録により、確定支給総額を確認し、毎回の支給額が一定であるかどうかを確認します。期中に変動がある場合には、一定の場合を除き、全部又は一部が損金に算入されません。
事前確定届出給与	所定の時期に確定額を支給する旨の届出を事前に行っており、かつ届出通りに支給されるもの	事前確定届出給与は原則として株主総会の決議の日から1か月を経過する日、又はその会計期間開始の日から4か月を経過する日のいずれか早い日までに、所轄税務署長に届け出なければなりません。
利益連動給与	同族会社に該当しない法人で利益に連動するなど一定の計算方法に基づいて支給されるもの	(中小企業では通常該当しません。)

④ 経済的利益の額

　役員等に対する給与の額には、経済的利益の額も含まれます。例えば、役員等の居住用住宅を賃貸した場合に、通常受け取るべき賃貸料を受け取っていなかったときには、その金額は、給与として取り扱われます（148～149頁参照）。

給料・賞与
58 労働者台帳（名簿）の作成

■チェックシートの点検項目

科目等		点 検 項 目
給与・賞与	58	労働者台帳（名簿）は適正に作成されていますか。

▶ガイドブックの具体的な点検内容・解説

具体的な点検内容	解　　説
氏名、生年月日、性別、住所、業務内容、採用年月日などが記載されていますか。 全ての労働者（日雇労働者を除きます）について作成されていますか。	適切な人員管理に繋がります。 不測の緊急事態の際に有効に活用できます。

……………………………… 解　　説 ………………………………

① 労働者名簿

　労働者名簿とは、労働者を雇い入れた場合に記入・保存する名簿のことです。日雇労働者以外の労働者について作成し、その者の死亡の日、退職の日又は解雇の日以後、3年間の保存をしなければなりません。

② 記載事項とひな形

　記載事項とひな形は、次のとおりです。

<記載事項>

①	氏名
②	性別
③	生年月日
④	現住所
⑤	履歴（過去の経歴）
⑥	雇入れ年月日
⑦	退職（死亡を含む）年月日とその事由
⑧	従事する業務の種類（30人以上の事業所の場合のみ必要）

<ひな形>

労 働 者 名 簿					
氏　名		性別		生年月日	
現住所					
雇入れ年月日					
履歴（過去の経歴）					
退職（死亡）年月日					
退職（死亡）事由（退職の事由が解雇の場合にあってはその理由を含む）					
従事する業務の種類					

給料・賞与
59 扶養控除等申告書等の保存

☑ チェックシートの点検項目

科目等		点 検 項 目
給与・賞与	59	扶養控除等申告書等は期限までに提出を受け、適切に保存されていますか。

▶ ガイドブックの具体的な点検内容・解説

具体的な点検内容	解　　説
その年の最初の給与支払日の前日（中途採用の場合は、採用後最初の給与支払日の前日）までに提出を受けていますか。 提出を受けていない場合、源泉所得税は乙欄を適用して徴収していますか。	適正な源泉徴収、年末調整に繋がり、経理水準が向上します。

·········· 解　説 ··········

1 扶養控除等申告書の提出と源泉徴収の関係

　所得税法上、「給与所得者の扶養控除等（異動）申告書」（以下「扶養控除等申告書」という）は、その年の最初の給与等の支払日の前日までに、甲欄の適用を受けようとする従業員は氏名等の一定事項を記入して、会社に提出することになっています。この扶養控除等申告書が提出されている場合にのみ、甲欄での源泉徴収をすることができます。したがって、提出がされていない場合は、乙欄での源泉徴収をすることになります。

給与所得の源泉徴収税額表（平成 27 年分）

（一）月額表（平成 25 年 5 月 31 日改正分）

その月の社会保険料等控除後の給与等の金額		甲								乙
		扶　養　親　族　等　の　数								
		0 人	1 人	2 人	3 人	4 人	5 人	6 人	7 人	
以　上	未　満	税							額	税　　額
円	円	円	円	円	円	円	円	円	円	円
88,000 円未満		0	0	0	0	0	0	0	0	その月の社会保険料等控除後の給与等の金額の 3.063 ％に相当する金額
88,000	89,000	130	0	0	0	0	0	0	0	3,200
89,000	90,000	180	0	0	0	0	0	0	0	3,200
90,000	91,000	230	0	0	0	0	0	0	0	3,200
91,000	92,000	290	0	0	0	0	0	0	0	3,200
92,000	93,000	340	0	0	0	0	0	0	0	3,300
93,000	94,000	390	0	0	0	0	0	0	0	3,300

（出典：国税庁 HP）

2 マイナンバー

(1) マイナンバーの提供

　会社が行う源泉徴収事務や社会保険関係事務などが発生した時点で、会社が従業員などにマイナンバーの提供を求めることが原則です。また、その扶養する家族のマイナンバーについても提供を求めます。

(2) 保存期間と廃棄

　その申告書の提出期限（毎年最初に給与等の支払を受ける日の前日まで）の属する年（平成28年）の翌年（平成29年）1月10日の翌日（平成29年1月11日）から7年を経過する日（平成36年1月10日）まで保存することとなっています（（　）内は平成28年分の扶養控除等申告書の場合）。

　保存期間が経過した場合には、マイナンバーをできるだけ速やかに削除又は廃棄しなければなりません。

60 給料・賞与 出勤簿・タイムカードの作成・保管

✓ チェックシートの点検項目

科目等		点　検　項　目
給与・賞与	60	出勤簿、タイムカードは適切に作成・保管されていますか。

▶ ガイドブックの具体的な点検内容・解説

具体的な点検内容	解　説
作成されていない従業員等はいませんか。 役員についても出勤実績が明らかになっていますか。	勤務時間を適切に管理できるとともに、勤務実態を明らかにすることができます。

・・・・・・・・・・・・・・・・・・・・・・・・ 解　説 ・・・・・・・・・・・・・・・・・・・・・・・・

1 出勤簿等の適切な作成・保管

　出勤簿やタイムカードは、すべての従業員について必要です。また役員においても、出勤実績を明らかにするために、これらの書類を利用すると良いでしょう。

　労働基準法では、残業や休日労働の場合の割増賃金などを定めています。割増賃金の対象か否か、また、社会保険の適用となる者であるかどうかの判定なども、出勤簿やタイムカードにより行うことが考えられます。作成はもちろん3年間の保管義務についても励行するようにしましょう。

2015年10月　出勤簿

社員番号		15		印		
氏　名		栄山　良夫				
日付	曜日	始業時刻	終業時刻	所定内	時間外	備考
1	木	9:00	18:00	8:00	:	
2	金	9:00	18:00	8:00	:	
3	土	:	:	:	:	
4	日	:	:	:	:	
5	月	9:00	18:30	8:00	:30	
6	火	9:00	18:00	8:00	:	
7	水	9:00	18:00	8:00	:	
8	木	9:00	18:00	8:00	:	
9	金	9:00	19:30	8:00	1:30	
10	土	:	:	:	:	
11	日	:	:	:	:	
12	月	9:00	18:00	8:00	:	休日出勤
13	火	9:00	18:00	8:00	:	
14	水	9:00	18:00	8:00	:	
15	木	:	:	:	:	有給休暇
16	金	9:00	18:00	8:00	:	
17	土	:	:	:	:	
18	日	:	:	:	:	
19	月	9:00	18:00	8:00	:	
20	火	9:00	18:00	8:00	:	
21	水	9:00	15:00	5:00	:	体調不良のため早退
22	木	9:00	18:00	8:00	:	
23	金	9:00	18:00	8:00	:	
24	土	:	:	:	:	

25	日	:	:	:	:	
26	月	9:00	18:00	8:00	:	
27	火	9:00	18:00	8:00	:	
28	水	9:00	18:00	8:00	:	
29	木	9:00	18:00	8:00	:	
30	金	9:00	18:00	8:00	:	
31	土	:	:	:	:	

所定日数	出勤日数	欠勤日数	有給取得	休日出勤	特別休暇	遅刻早退
21	21	0	1	1	0	1

福利厚生費
61 源泉徴収が必要となる支出の確認

☑ チェックシートの点検項目

科目等		点 検 項 目
福利厚生費	61	食事の支給や借上げ社宅など所得税の源泉徴収が必要となる支出について確認しましたか。

▶ ガイドブックの具体的な点検内容・解説

具体的な点検内容	解　　説
いわゆる現物給与も源泉徴収の対象としていますか。	適正な源泉徴収に繋がり、経理水準が向上します。 支出の相手先の適正申告に繋がります。

·········· 解　　説 ··········

1 経済的利益

　給与は、通常、金銭で支給されます。食事の支給や借上げ社宅などの従業員に対する経済的利益の供与が、福利厚生費などの科目に含まれている場合であっても、その経済的利益の額は給与等に該当します。具体的には次のような経済的利益をいいます。

① 物品その他の資産を無償又は低い価額により譲渡したことによる経済的利益

② 土地、家屋、金銭を除くその他の資産を無償又は低い対価により貸し付けたことによる経済的利益

③ 福利厚生施設の利用など②以外の用役を無償又は低い対価により提供したことによる経済的利益

④ 個人的債務を免除又は負担したことによる経済的利益

　これらの経済的利益を一般に現物給与といい、原則として給与所得の収入

金額とされますが、現物給与には、
① 職務の性質上欠くことのできないもので主として使用者側の業務遂行上の必要から支給されるもの
② 換金性に欠けるもの
③ その評価が困難なもの
④ 受給者側に物品などの選択の余地がないもの

など、金銭給与と異なる性質があるため、特定の現物給与については、課税上金銭給与とは異なった取扱いが定められています。

(1) 食事の支給

役員や使用人に支給する食事は、次の2つの要件のいずれも満たしている場合には給与として課税されません。
① 役員や使用人が食事の価額の半分以上を負担していること。
② 下記Aの金額が1か月当たり3,500円（税抜き）以下であること。
　（食事の価額）－（役員や使用人が負担している金額）＝A

これらの要件を満たしていなければ、食事の価額から役員や使用人の負担している金額を差し引いた金額が給与として課税されます。
　＜例＞　1か月当たりの食事の価額が5,000円で、役員や使用人の負担している金額が2,000円の場合

この場合には、上記①の条件を満たしていません。したがって、食事の価額の5,000円と役員や使用人の負担している金額の2,000円との差額の3,000円が、給与として課税されます。
　なお、ここでいう食事の価額は、次の金額になります。
① 仕出し弁当などを取り寄せて支給している場合には、業者に支払う金額
② 社員食堂などで会社が作った食事を支給している場合には、食事の材料費や調味料など食事を作るために直接かかった費用の合計額

また、現金で食事代の補助をする場合には、深夜勤務者に夜食の支給がで

きないために1食当たり300円（税抜き）以下の金額を支給する場合を除き、補助をする全額が給与として課税されます。

なお、残業又は宿日直を行うときに支給する食事は、無料で支給しても給与として課税しなくてもよいことになっています。

(2) 借上げ社宅

① 役員

役員に対して社宅を貸与する場合は、役員から1か月当たり一定額の家賃（以下「賃貸料相当額」といいます）を受け取っていれば、給与として課税されません。

賃貸料相当額は、貸与する社宅の床面積により小規模な住宅とそれ以外の住宅とに分け、次のように計算します。ただし、この社宅が、社会通念上一般に貸与されている社宅と認められないいわゆる豪華社宅である場合は、次の算式の適用はなく、時価（実勢価額）が賃貸料相当額になります。

(注1) 小規模な住宅とは、建物の耐用年数が30年以下の場合には床面積が132平方メートル以下である住宅、建物の耐用年数が30年を超える場合には床面積が99平方メートル以下（区分所有の建物は共用部分の床面積をあん分し、専用部分の床面積に加えたところで判定します）である住宅をいいます。

(注2) いわゆる豪華社宅であるかどうかは、床面積が240平方メートルを超えるもののうち、取得価額、支払賃貸料の額、内外装の状況等各種の要素を総合勘案して判定します。なお、床面積が240平方メートル以下のものについては、原則として、プール等や役員個人のし好を著しく反映した設備等を有するものを除き、次の算式によることとなります。

＜小規模住宅の場合＞
次のイからハの合計額が賃貸料相当額になります。
イ （その年度の建物の固定資産税の課税標準額）×0.2％

> ロ　12円×（その建物の総床面積（平方メートル）／3.3平方メートル）
> ハ　（その年度の敷地の固定資産税の課税標準額）×0.22％

　役員に貸与する社宅が小規模住宅に該当しない場合には、その社宅が自社所有の社宅か、他から借り受けた住宅等を役員へ貸与しているのかで、賃貸料相当額の算出方法が異なります。

> ＜自社所有の通常の社宅の場合＞
> 次のイとロの合計額の12分の1が賃貸料相当額になります。
> イ　（その年度の建物の固定資産税の課税標準額）×12％
> 　　ただし、建物の耐用年数が30年を超える場合には12％ではなく、10％を乗じます。
> ロ　（その年度の敷地の固定資産税の課税標準額）×6％
>
> ＜他から借り受けた住宅等を貸与する場合＞
> 会社が家主に支払う家賃の50％の金額と、上記＜自社所有の通常の社宅の場合＞で算出した賃貸料相当額とのいずれか多い金額が賃貸料相当額になります。

　役員に無償で貸与する場合には、賃貸料相当額が、給与として課税されます。
　役員から賃貸料相当額より低い家賃を受け取っている場合には、賃貸料相当額と受け取っている家賃との差額が給与として課税されます。
　現金で支給される住宅手当や入居者が直接契約している場合の家賃負担は、社宅の貸与とは認められないので、給与として課税されます。

② 従業員

　使用人に対して社宅や寮などを貸与する場合には、使用人から1か月当たり一定額の家賃（以下「賃貸料相当額」といいます）以上を受け取っていれば給与として課税されません。

　賃貸料相当額とは、次のイ～ハの合計額をいいます。

> イ　（その年度の建物の固定資産税の課税標準額）×0.2％
> ロ　12円×（その建物の総床面積（平方メートル）／3.3（平方メートル））
> ハ　（その年度の敷地の固定資産税の課税標準額）×0.22％

　使用人に無償で貸与する場合には、この賃貸料相当額が給与として課税されます。

　使用人から賃貸料相当額より低い家賃を受け取っている場合には、受け取っている家賃と賃貸料相当額との差額が、給与として課税されます。

　しかし、使用人から受け取っている家賃が、賃貸料相当額の50％以上であれば、受け取っている家賃と賃貸料相当額との差額は、給与として課税されません。

> ＜例＞　賃貸料相当額が1万円の社宅を使用人に貸与した場合
> ・使用人に無償で貸与する場合には、1万円が給与として課税されます。
> ・使用人から3,000円の家賃を受け取る場合には、賃貸料相当額である1万円と3,000円との差額の7,000円が給与として課税されます。
> ・使用人から6,000円の家賃を受け取る場合には、6,000円は賃貸料相当額である1万円の50％以上ですので、賃貸料相当額である1万円と6,000円との差額の4,000円は給与として課税されません。

　また、会社などが所有している社宅や寮などを貸与する場合に限らず、

税務通信 READER'S CLUB

無料配信 & 情報公開 パスワードは即時発行

税務通信ビギナー向け情報サイト OPEN

詳しくは 「税務研究会」 検索

税務通信READER'S CLUBは週刊「税務通信」をよりご活用いただく情報コーナーです。ご登録は無料です。お気軽にご登録ください。

登録方法

1. 各種検索サイトにて「税務研究会」を検索して税務研究会ホームページへ

2. 弊社トップページの「税務通信READER'S CLUB」をクリック **クリック1**
   「登録はこちら」をクリック **クリック2**

3. 申込みフォームにアクセス。必要事項を記入しお申込みください。

お問合せ 株式会社税務研究会 〒101-0065 東京都千代田区西神田1-1-3税研ビル
お客さまサービスセンター TEL:03-3294-4741 FAX:03-3233-0197 http://www.zeiken.co.jp/

税務通信READER'S CLUBは週刊「税務通信」を
よりご活用いただくための情報発信コーナーです。

READER'S CLUB 主なコンテンツ

1 補助輪
ビギナー読者をサポートする用語解説やQ&A

基礎知識が不足していると読みこなせない週刊「税務通信」の記事をQ&A形式又は用語解説形式の補足情報で読むお手伝いをします。

2 税務通信テキスト講座
開催と補足資料のご案内

税務通信テキスト講座とは週刊「税務通信」の記事をテキストに行う実務直結型の記事内容解説セミナーです。

3 読者の声
税務通信活用方法

事務所の勉強会でご利用いただいた事例など、ご購読者の皆様の生の声をお聞きしました。

4 メールマガジン
サイトの更新情報をお届け

サイトの更新情報や、「税務通信テキスト講座」「記事内容解説セミナー」の開催速報等のご案内をさせていただきます。

他から借りて貸与する場合でも、前に説明した3つを合計した金額が賃貸料相当額となります。

したがって、他から借り受けた社宅や寮などを貸す場合にも、貸主等から固定資産税の課税標準額などを確認することが必要です。

現金で支給される住宅手当や、入居者が直接契約している場合の家賃負担は、社宅の貸与とは認められないので給与として課税されます。

なお、看護師や守衛など、仕事を行う上で勤務場所を離れて住むことが困難な使用人に対して、仕事に従事させる都合上社宅や寮を貸与する場合には、無償で貸与しても給与として課税されない場合があります。

2 留意事項

(1) 源泉徴収

経済的利益が給与等とされた場合には、源泉徴収の対象となりますので、注意が必要です。

(2) 社会保険料算定時の報酬

労働基準法では、「賃金は、通貨で、直接労働者に、その全額を支払わなければならない」と規定されています。しかし、現実的には現物支給の給与もあります。ただし、通常支払うべき賃金以外の食事や家賃の負担などについては、都道府県ごとに決まっている「厚生労働大臣が定める現物給与の価額」に従い、その価額を社会保険料の算定の報酬額に含めなければなりません。

62 旅費交通費
実費精算又は出張旅費規程に基づく支出

☑チェックシートの点検項目

科目等		点 検 項 目
旅費交通費	62	実費精算又は出張旅費規程に基づき支出していますか。

▶ガイドブックの具体的な点検内容・解説

具体的な点検内容	解　　説
渡し切りのものはありませんか。 未精算になっているものは個人別に管理されていますか。	適正な源泉徴収に繋がり、経理水準が向上します。

.... 解　　説 ....

1 出張旅費規程

　業務上必要な旅費については、実費による精算をするか、もしくは出張旅費規程に基づいた支給をするようにします。それぞれの旅費については、個人別に管理をし、期末において、未精算のものがある場合には、できるだけ早く精算し、当期の費用とすべき金額を確定します。

　また出張旅費規程による支給額は、実費と比較して相当の範囲内となるようにします。出張旅費規程を導入しておらず、一定額を支給するような場合は、渡し切りの旅費となり、通常必要と認められる範囲を超えると給与として扱われる可能性もあります。

　なお、出張旅費規程は株主総会や取締役会において、その導入を決議する

ことになります。出張旅費規程の見本は次のとおりです。

国内出張旅費規程

第1条（目的）
　この規程（以下「本規程」という。）は、役員及び社員が社命により日本国内に宿泊を伴う出張をするときの旅費について定める。

第2条（出張の経路）
　本規程の出張の経路は、最も経済的な順路及び方法によって計算する。但し、業務の都合や気象条件など特別な事由がある場合はこの限りではない。

第3条（旅費の種類）
　本規程の旅費の種類は、次に定めるとおりとする。
　1．交通費
　2．宿泊料
　3．日当

第4条（交通費）
　本規程の交通費及び利用できる等級は次に定めるとおりとする。

資格区分	JR・鉄道	航空機	タクシー等
社長・役員	グリーン	ファースト	実費
部長・次長	グリーン	ビジネス	実費
課長	普通車	エコノミー	実費
係長	普通車	エコノミー	実費
一般	普通車	エコノミー	実費

第5条（宿泊料及び日当）
　宿泊料及び日当は、出張日数、宿泊日数に応じて以下に定める定額を支給するものとする。

資格区分	宿泊料	日当
社長・役員	30,000 円	10,000 円
部長・次長	15,000 円	6,000 円
課長・係長・一般	8,000 円	4,000 円

> 第6条（出張手続き）
> 　出張しようとする者は、あらかじめ所定の「出張申請書」を会社に提出し承認を得なければならない。
> 第7条（旅費の仮払い）
> 　出張しようとする者は、あらかじめ概算の経費を記入した「仮払金申請書兼受領書」を会社に提出し承認を得ることで仮払いを受けることができる。
> 第8条（出張中の出費）
> 　出張中、業務及び営業活動を行う上で必要と認められる出費については、その実費を支給する。
> 第9条（旅費の精算）
> 　出張者が出張より帰社したときは、所定の「出張旅費精算書」を作成し、旅費の精算をしなければならない。
> 　　　　　　　　　　　　　附則
> 　この規程は平成21年10月1日から実施する。

2 税務上の留意事項

　役員や従業員に対し出張旅費規程により支給されている場合であっても、その支給額が、実費精算に比較して不相当に高いときは、通常必要と認められる金額を超えた部分については、その役員や従業員に対する給与として取り扱われます。

　旅費ではなく、給与とされた場合には、その給与に対する源泉徴収が必要となりますので、支給する時点での判断が重要になります。

　なお、役員や従業員に対する旅費ではありませんが、講演者に対して支払う旅費のうち、報酬等の支払者が直接交通機関等へ通常必要な範囲の交通費等を支払う場合以外については、それを報酬に含めて源泉徴収の対象とすることになっていますので、こちらも注意が必要です。

63 交際費
参加人員・相手先・支出内容の明確化

☑ チェックシートの点検項目

科目等		点 検 項 目
交際費	63	参加人員、相手先、支出内容が明らかにされていますか。

▶ ガイドブックの具体的な点検内容・解説

具体的な点検内容	解　説
得意先、仕入先、その他事業に関係のある者等に対する接待等の費用ですか。 交際費に該当しない飲食費等は含まれていませんか。	経理水準が向上します。 経費の適切な支出に繋がります。

·· 解　説 ··

1 交際費

(1) 交際費等

　交際費等とは、交際費、接待費、機密費その他の費用で、法人が、その得意先、仕入先その他事業に関係のある者等に対する接待、供応、慰安、贈答その他これらに類する行為のために支出する費用をいいます。

(2) 支出の相手方

　交際費の支出の相手方は、得意先、仕入先、その他事業に関係のある者等です。

　事業と関係のない特定の相手に金銭の贈与をした場合は、交際費ではなく

寄附金となりますので注意が必要です。

　また、個人的な相手に対する交際費は役員・従業員に対する賞与となります。役員賞与については損金不算入となります（180頁参照）。

得意先	商品を販売したりサービスを提供したりする先の企業（顧客）のことをいいます。
仕入先	商品や原材料などを購入する先の企業のことをいいます。
その他事業に関係のある者等	例えば、これから得意先・仕入先になるかもしれない特定の企業、同業者、仕事を紹介してくれる人などです。また、費用を支出する法人の役員や従業員、株主も含みます。

(3) 税務上の交際費に該当しない飲食費等

① 一人5,000円以下の飲食費

　イ　概要

　　飲食等に支出した金額をその飲食等に参加した人数で割った金額（一人当たりの金額）が5,000円以下である場合、その飲食等に支出した金額は税務上の交際費に該当しません。ただし、その飲食等に参加した人がその法人の役員若しくは従業員又はこれらの親族のみである場合には、たとえ一人当たりの金額が5,000円以下であったとしても税務上の交際費となります。

　ロ　書類の保存

　　5,000円以下の基準の規定の適用を受けるには、一定の事項を記載した書類を保存しておく必要があります。

　　次ページに示すような交際費精算書を作成して保存しておくことが求められます。

　　簡便的な方法として、領収書の余白部分に必要な事項を記載し、その領収書を保存しておくこともできます（161頁コラム交際費参照）。

	作成者	確認者	経理
	日付	日付	日付
	㊞	㊞	㊞

交際費精算書

日時	平成 27 年 8 月 28 日	
場所	割烹　○○	
相手先の出席者　所属・氏名	㈱○○　××部長　△△課長	2名
当社の出席者　所属・氏名	××部長　△△	2名

支払先	内容	金額
割烹　○○	食事代	18,000
合計		18,000

目的	新商品の説明及び懇親会

領収証添付欄

② 会議費

　会議の際に出される茶菓子や弁当、お茶などの飲料で常識的な範囲の金額のものは、交際費ではなく会議費として処理します。

　また、得意先・仕入先その他事業と関係のある者等と仕事の打ち合わせのために喫茶店などを利用した場合のその喫茶店などでの飲食費は、接待供応が目的ではありませんから、やはり会議費として処理します。

2 損金不算入額の計算

　交際費等の額は、原則として、その全額が損金不算入とされていますが、損金不算入額の計算に当たっては、次の(1)、(2)の区分に応じ、一定の措置が設けられています。

(1) 期末の資本金の額又は出資金の額が1億円以下である等の法人^(※)

　損金不算入額は、次のいずれかを選択することができます。

① 　交際費等の額のうち、接待飲食費（注1）の額の50％に相当する金額を超える部分の金額

② 　交際費等の額のうち、800万円に該当事業年度の月数を乗じ、これを12で除して計算した金額に達するまでの金額を超える部分の金額

(注1) 　接待飲食費とは、飲食費（注2）であって、法人税法上で整理・保存が義務付けられている帳簿書類に所定の事項を記載することにより飲食費であることが明らかにされているものをいいます。

(注2) 　飲食費とは、交際費等のうち飲食その他これに類する行為のために要する費用（専らその法人の役員若しくは従業員又はこれらの親族に対する接待等のために支出するものを除きます）をいいます。

《例1》 支出交際費等の額が年2,000万円、そのうち接待飲食費の額が1,800万円の場合

接待飲食費の額が年1,600万円を超える場合、損金算入額は①＞②となりますので、①を選択すると有利です。

《例2》 支出交際費等の額が年2,000万円、そのうち接待飲食費の額が1,200万円の場合

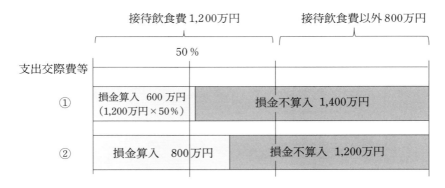

接待飲食費の額が年1,600万円以下の場合、損金算入額は①≦②となりますので、②を選択すると有利です。

(2) 上記（1）以外の法人（期末資本金の額等が1億円超の法人）

　損金不算入額は、上記（1）①の金額となります。

（※）　資本金の額又は出資金の額が5億円以上の法人の100％子法人等は、（1）ではなく、（2）に従って損金不算入額を計算します。

③ 実務上の留意事項

　得意先、仕入先、その他事業に関係のある者等に対して、お礼として渡す商品券やプリペイドカードなどをまとめて購入している場合、期末に残っていないか確認します。残っている場合は、原則として貯蔵品として計上することを忘れないようにします。

コラム　交際費

　交際費等とは、交際費、接待費、機密費その他の費用で、法人が、その得意先、仕入先その他事業に関係のある者等に対する接待、供応、慰安、贈答その他これらに類する行為のために支出する費用をいいます。

　ただし、次に掲げる費用は交際費等から除かれます。

(1) 専ら従業員の慰安のために行われる運動会、演芸会、旅行等のために通常要する費用

(2) 飲食その他これに類する行為のために要する費用（専らその法人の役員若しくは従業員又はこれらの親族に対する接待等のために支出するものを除きます）であって、その支出する金額を飲食等に参加した者の数で割って計算した金額が5,000円以下である費用**（注）**

　　なお、この規定は次の事項を記載した書類を保存している場合に限り適用されます。

　　イ　飲食等の年月日

　　ロ　飲食等に参加した得意先、仕入先その他事業に関係のある者等の氏名又は名称及びその関係

　　ハ　飲食等に参加した者の数

　　ニ　その費用の金額並びに飲食店等の名称及び所在地（店舗がない等の理由で名称又は所在地が明らかでないときは、領収書等に記載された支払先の名称、住所等）

　　ホ　その他参考となるべき事項

（注） 費用の金額基準である5,000円の判定や交際費等の額の計算は、法人の適用している消費税等の経理処理（税抜経理方式又は税込経理方式）により算定した価額により行います。

(3) その他の費用

　　イ　カレンダー、手帳、扇子、うちわ、手ぬぐいその他のこれらに類する物品を贈与するために通常要する費用

ロ 会議に関連して、茶菓、弁当その他これらに類する飲食物を供与するために通常要する費用
ハ 新聞、雑誌等の出版物又は放送番組を編集するために行われる座談会その他記事の収集のために、又は放送のための取材に通常要する費用

以上を表にまとめると、次のようになります。

項　　目			会計上の科目例	税務上の交際費
飲食費	一人5,000円超		交際費	対象
	一人5,000円以下	役員・従業員等に対するもの	交際費	対象
		役員・従業員等に対するもの以外	交際費	対象外
カレンダー・手帳・ボールペン等贈答			広告宣伝費	対象外
会議時の茶菓・弁当その他の供与			会議費	対象外
新聞等の編集のための座談会・取材			取材費	対象外
従業員のための運動会・旅行等			福利厚生費	対象外

なお、仕訳をする時点で次表の「会計上の科目」を利用し、分けて管理しておくと便利です。

		会計上の科目	内　　容	税務上の取扱い
会計上の交際費	税務上の交際費	少額交際費	1人5,000円以下の飲食費（①(3)の内容）	損金算入
		飲食交際費	少額飲食費以外の接待飲食費（②の内容）	損金不算入額の計算へ
		その他交際費	飲食費以外の交際費	

64 交際費
渡切交際費の確認

☑チェックシートの点検項目

科目等		点 検 項 目
交際費	64	精算をせず、渡し切りとなっているものがないか確認しましたか。

▶ガイドブックの具体的な点検内容・解説

具体的な点検内容	解　　説
仮払いしたものについては、精算表等を作成していますか。 精算されていないものは、個人別に管理されていますか。	経理水準が向上します。 経費の適切な支出に繋がります。

·············· 解　説 ··············

1 渡切交際費

　渡切交際費とは、役員又は従業員に交際費として使用することを目的として金銭を渡したにもかかわらず、その使途、使用金額について精算しないものをいいます。

　渡切交際費は、源泉徴収の対象となります。

(参考) 国税庁　質疑応答事例

役員等に支給する渡切交際費がある場合の「給与所得の源泉徴収票」の記載方法

【照会要旨】
　当社は、役員及び営業担当の使用人に対し交際費として毎月一定額の金銭を支給していますが、その精算は行っておりません。この金額は、「給与所得の源泉徴収票」の「支払金額」欄に含めなくて差し支えないでしょうか。

【回答要旨】
　「給与所得の源泉徴収票」の「支払金額」欄に含めることになります。
　「給与所得の源泉徴収票」は居住者に対し、国内において所得税法第28条第1項に規定する給与等を支払った場合に、税務署へ提出するとともに本人に交付することになります。
　ここでいう「給与等」とは、俸給、給料、賃金、歳費及び賞与並びにこれらの性質を有する給与をいいます。
　使用者の業務のために使用すべきものとして支給されたものであっても、そのために使用したことの事績が明らかでないもの（いわゆる渡切交際費）については、その支給を受ける者の給与等に該当しますので、源泉徴収票の「支払金額」欄には、通常の給与に含めて記載する必要があります。

65 賃借料 契約者・支払内容・金額・期間の確認

☑ チェックシートの点検項目

科目等		点 検 項 目
賃借料	65	契約書により、契約者、支払内容、金額、期間を確認していますか。

▶ ガイドブックの具体的な点検内容・解説

具体的な点検内容	解　　説
物件毎に一覧表を作成し、契約書の内容（契約者、支払内容、金額、期間など）を確認していますか。	経理水準が向上します。 経費の適切な支出に繋がります。

……………………………… 解　　説 ………………………………

① 賃借料

　賃借料とは、土地、建物、機械、車両、事務機器などを借りるために支払う費用をいいます。土地や建物の賃借料については、「地代家賃」の科目を使うこともあります。

② 契約書の内容確認

　賃借料の支払いがある場合は、経理担当者は賃貸借契約書の内容を把握しておく必要があります。
　年払いか月払いの別、「当月分当月払い」か「翌月分当月払い」のいずれであるかを確認し、前払費用など経過勘定の計上の検討をします。

③ 契約書の管理

　契約書はまとめてファイルなどに綴じ、契約物件一覧表などを作成すると便利です。

●契約物件一覧表の例

NO.	契約年月日	期間	更新の有無	契約の相手方	対象物件 （支払内容）	金額	支払時期
1	H21.03.01	H21.04.01 〜 H31.03.31	有 更新期限 H31.1.31	㈱○○	事務所 ○○市△△町 1-20	月80,000円	翌月分 当月払い
2	H26.07.15	H26.08.01 〜 H27.07.31	無	㈱△△	倉庫 ○○市××町510	月200,000円	当月分 当月払い
3							

④ 実務上の留意事項

(1) 無償返還の届出書

　同族会社が個人から土地を借り、その上に建物を建てている場合で、無償返還の届出をしているときは、賃貸借契約書と無償返還の届出書を合わせて保管しておきます。

(2) 印紙

　土地の賃貸借契約書は印紙税の第1号文書に該当しますので、契約書に印紙が貼付されているか確認します。ただし、建物の賃貸借契約書には印紙を貼る必要はありません（203頁参照）。

(3) マイナンバー制度への対応

　「不動産の使用料等の支払調書」の提出のために、契約の相手方からマイ

ナンバーの提供を受けているときは、情報漏えい等を防止する観点から安全管理措置を講じる必要があり、マイナンバーを取り扱う機器、電子媒体又は書類等は、適正に管理・保管する必要があります。
① 電子媒体又は書類等の保管方法
　施錠できるキャビネット、書庫、デスク等に保管
② 機器等の保管方法
　セキュリティワイヤー等による固定、施錠できるキャビネット等に保管
「不動産の使用料等の支払調書」は、不動産等の借受けの対価等を支払う法人や不動産業者である個人が、同一人に対するその年中の支払金額の合計が15万円（注）を超えるものについて提出しなければならない調書です。
　（注）消費税及び地方消費税を含めて判断しますが、消費税及び地方消費税の額が明確に区分されている場合には、その額を含めないで判断してもよいことになっています。

賃借料
66 賃借物件の使用目的の明確化

✓チェックシートの点検項目

科目等		点 検 項 目
賃借料	66	賃借物件の使用目的は明確にされていますか。

▶ガイドブックの具体的な点検内容・解説

具体的な点検内容	解　　説
事務所、住宅などの使用状況を確認しましたか。	消費税の課税区分が明らかになるなど、経理水準が向上します。 経費の適切な支出に繋がります。

·················· 解　説 ··················

1 賃借物件の使用目的と消費税

　消費税法上、土地の譲渡及び貸付け並びに住宅用建物の貸付けについては非課税とされています。住宅用建物の貸付けとして非課税となるのは、契約において人の居住の用に供することが明らかなものに限られます。

　ただし、土地の貸付けであっても、貸付期間が1か月未満の場合や、建物や駐車場など施設の利用に付随して土地が使用される場合、建物の貸付けのうち、事業用建物の貸付けや、居住用の建物であっても貸付期間が1か月未満の場合などは課税の対象となります。

67 賃借料 敷金・権利金等の資産性の確認

✅ チェックシートの点検項目

科目等		点 検 項 目
賃借料	67	敷金・権利金等について、資産性（前払費用）の有無を確認しましたか。

▶ ガイドブックの具体的な点検内容・解説

具体的な点検内容	解　　　説
敷金など、返還されるものは含まれていませんか。 返還されない保証金は、長期前払費用にしていますか。 前払家賃等は含まれていませんか。	経理水準が向上します。 経費の適切な支出に繋がります。

・・・・・・・・・・・・・・・・・・・・・・・・・ 解　　　説 ・・・・・・・・・・・・・・・・・・・・・・・・・

1 用語の定義

(1) 敷金

　敷金とは、土地や建物を賃借するときに、賃貸借契約上の債務を担保する目的で賃借人が賃貸人に支払う金銭のことです。したがって、賃貸借契約終了時に賃借人に債務不履行（家賃の未払いなど）がなければ、原則として明渡し時に全額返還されることになります。

(2) 保証金

　保証金は、敷金と同様に債務不履行の担保として授受されるもののほか、建設協力金等として授受されるものもあります。保証金は、契約ごとにその

性格が異なりますので、必ずしも返還されるとは限りません。

(3) 権利金

権利金とは、土地や建物を賃借するときに賃借人から賃貸人に支払う金銭をいい、敷金と異なり、契約終了時に返還されないものです。

2 実務上の留意事項

敷金など返還されるものは、費用とせず資産に計上しなければなりません。また、返還されないものであっても、税法上の繰延資産に該当するものについては、長期前払費用として計上し、一定の期間にわたり償却します。

「敷金」「保証金」「権利金」の用語の一般的な定義は上記1のとおりですが、実務上は、敷金、保証金、権利金という名目にとらわれず、支払ったお金が、契約書においてどのような内容であるのか確認することが重要です。

保険料
68 支払保険料の資産性の確認

☑チェックシートの点検項目

科目等		点　検　項　目
保険料	68	支払保険料について、資産性（保険積立金）の有無を確認しましたか。

▶ガイドブックの具体的な点検内容・解説

具体的な点検内容	解　　説
契約書などにより、保険積立金として資産計上すべき支払金額はありませんか。被保険者、契約者など保険契約の内容を契約書等で確認していますか。	経理水準が向上します。

·················· 解　　説 ··················

1 支払保険料の取扱い

　法人が役員又は使用人を被保険者として生命保険に加入している場合、支払った保険料については、法人税法上、養老保険、定期保険、定期付養老保険等の区分ごとにその取扱いが定められています。

(1) 養老保険
　① 養老保険とは、保険期間内に被保険者が死亡した場合に保険金（死亡保険金）が支払われるほか、保険期間の満了時に被保険者が生存している場合にも保険金（生存保険金）が支払われることとなっている生命保険をいいます。

Ⅳ　損益関係

② 支払保険料の取扱い

契約者	被保険者	保険金受取人		支払保険料
		死亡保険金	生存保険金	
法人	役員・使用人	法人		資産計上
		役員・使用人の遺族	役員・使用人	役員又は使用人に対する給与
		役員・使用人の遺族	法人	1/2…資産計上 1/2…期間経過に応じて損金算入（注）

(注) 役員その他特定の使用人（これらの者の親族を含む。）のみを被保険者としている場合には、その役員又は使用人に対する給与となります。

(2) 定期保険

① 定期保険とは、一定期間内に被保険者が死亡した場合のみ保険金が支払われる生命保険をいいます。

② 支払保険料の取扱い

契約者	被保険者	保険金受取人	支払保険料
法人	役員・使用人	法人	期間経過に応じて損金算入
		役員・使用人の遺族	期間経過に応じて損金算入（注）

(注) 役員その他特定の使用人（これらの者の親族を含む。）のみを被保険者としている場合には、その役員又は使用人に対する給与となります。

(3) 定期付養老保険

① 定期付養老保険とは、養老保険を主契約とし、定期保険を特約として付加したものをいいます。

② 支払保険料の取扱い

契約者	被保険者	保険料の区分	支払保険料	
法人	役員・使用人	あり	養老保険部分	養老保険の取扱い
			定期保険部分	定期保険の取扱い
		なし	全額を養老保険の取扱い	

(4) 終身保険
① 終身保険とは、保険期間の終了がない生命保険をいい、被保険者が死亡した場合に保険金が支払われます。
② 支払保険料の取扱い

契約者	被保険者	保険金受取人	支払保険料
法人	役員・使用人	法人	資産計上
		役員・使用人の遺族	役員又は使用人に対する給与

2 実務上の留意事項

保険契約の種類・内容によって取扱いが異なりますので、保険証券・約款・重要事項説明書等により、保険の種類、被保険者、保険金受取人など保険契約の内容を確認しましょう。複数の保険に入っている場合には、保険管理台帳を作成して管理するのも良いでしょう。

●保険管理台帳

契約日	保険会社	証券番号	保険種類	被保険者	保険期間	払込期間	保険料 月間	保険金額 死亡	保険金額 満期	保険金受取人
H26.10.25	○○生命	○○○○	定期	山田　太郎	5年	5年	月額××××	1,000万円	－	法人
H26.10.25	○○生命	○○○○	養老	山田　太郎	10年	10年	年額○○○○	3,000万円	3,000万円	法人
H27. 8.24	○○生命	○○○○	養老	田中　一郎	5年	5年	月額××××	1,000万円	1,000万円	満期：法人 死亡：役員・使用人の遺族

69 保険料 期末の保険積立金の残高確認

✓ チェックシートの点検項目

科目等		点 検 項 目
保険料	69	決算期末における保険積立金の残高等を確認していますか。

▶ ガイドブックの具体的な点検内容・解説

具体的な点検内容	解　　説
保険会社からの割戻金通知書や配当積立金通知書等を確認しましたか。	保険会社からの配当金を適切に計上することで、経理水準が向上します。

―――――――――――― 解　説 ――――――――――――

1 保険会社からの配当金

　生命保険は、配当金の分配がある「有配当の保険」と配当金の分配がない「無配当の保険」に分類されます。

　「有配当の保険」の場合、保険会社から配当金が分配されることがあります。この配当金の分配方法には、現金で受け取る方法の他に、買増、相殺、積立があります。

現金支払	現金で受け取る方法
買増	配当金を一時払いの保険料として保険を買い増していく方法
相殺	配当金と保険料を相殺する方法
積立	配当金を保険会社に積み立てておく方法

　積立の場合、保険会社からの通知等に基づき、配当金相当額を配当金積立金等の資産勘定に計上するとともに、同額を雑収入に計上します。

［例］保険会社から契約者配当金 10 万円の通知を受けました。
　　＜仕訳＞
　　　（借方）配当金積立金　10 万円　　（貸方）雑収入　10 万円
　保険会社からの通知等を確認し、これらの処理が正確に行われているか確認します。

② 留意事項

(1) 満期保険金・解約返戻金を受け取った場合

　満期保険金や解約返戻金を受け取った場合、その保険に係る資産に計上している保険積立金や配当金積立金が含まれていないかを支払通知書などで確認します。含まれている場合は、次の仕訳をします。

　　　（借方）現金預金　　××　　（貸方）保険積立金　　　××
　　　　　　　　　　　　　　　　　　　　配当金積立金　　××
　　　　　　　　　　　　　　　　　　　　雑収入　　　　　　××

(2) 決算時の確認

　決算期末において、預貯金の残高を銀行からの残高証明で確認するのと同じように、保険積立金についても保険会社からの割戻金通知書や配当積立金通知書等で残高を確認するようにします。

70 経費全般
支払先が不明なものの内容の確認

☑チェックシートの点検項目

科目等		点 検 項 目
経費全般	70	支出の相手方が不明なものについては、その内容を確認しましたか。

▶ガイドブックの具体的な点検内容・解説

具体的な点検内容	解　　説
領収書等によって支出の相手方が確認できない場合には、担当者などに内容を確認し、記録に留めていますか。	内部の不正等を未然に防止します。経費の適切な支出に繋がります。

·············· 解　　説 ··············

1 留意事項

　領収書等によって支出の相手方が確認できない場合で、かつ、支出の内容も分からないときは、業務に必要な支出なのか個人的な支出なのか分かりません。そのような領収書等を放置しておくと、不正な支出が行われかねず、会社に損害をもたらす恐れがあります。

　支出の相手方を確認できない領収書等があった場合には、不正を未然に防止するために、担当者などにその内容を確認し、記録に留めておく必要があります。

　一定の不明金については、追加的な課税となる場合があります。

2 消費税

　消費税法第 30 条は、「仕入れに係る消費税額の控除」（仕入税額控除）を受ける要件として、支払の相手方の氏名又は名称が記載された帳簿及び請求書等の保存を要求しています。

　領収書等によって支出の相手方が確認できない場合、相手方の氏名（名称）が記載された帳簿及び請求書等の保存がないことになりますから、仕入税額控除の適用を受けることはできません。

71 経費全般 領収書の宛名の確認

☑ チェックシートの点検項目

科目等		点 検 項 目
経費全般	71	領収書の宛名は法人名（自社）となっていますか。

▶ ガイドブックの具体的な点検内容・解説

具体的な点検内容	解　　説
宛名が自社名以外（個人名・得意先・空白・上様など）になっている領収書はありませんか。	内部の不正等を未然に防止します。経費の適切な支出に繋がります。

·········· 解　　説 ··········

1 領収書の宛名の確認

　消費税法第30条は、「仕入れに係る消費税額の控除」を受ける要件として、交付を受ける事業者の氏名又は名称が記載された請求書等の保存を要求しています。

　しかし、支払対価の額の合計額が3万円未満である場合は請求書等の保存は不要とされていますし、支払の相手方が小売業・飲食店業などの場合は請求書等に交付を受ける事業者の氏名又は名称がなくても差し支えないことになっています。

② 留意事項

　領収書の宛名が当社名になっていない場合、税務調査が行われたときに経費として認められない可能性があります。さらに、役員や従業員が個人的な支出を不正に会社の経費として請求することも考えられます。

　以上のようなトラブルや不正を未然に防止するためにも、領収書の宛名は自社名となっていることが望ましいといえます。

経費全般
72 自己負担・交際費の該当性の確認

☑ チェックシートの点検項目

科目等	点 検 項 目
経費全般 72	特に飲食等を伴う支出については、①個人的に負担すべきもの、②交際費に該当するものがないか確認しましたか。

▶ ガイドブックの具体的な点検内容・解説

具体的な点検内容	解　説
相手先、支払内容、参加人員を確認しましたか。 個人的に負担すべき費用は含まれていませんか。	内部の不正等を未然に防止します。 経費の適切な支出に繋がります。

……………………………… 解　説 ………………………………

① 個人的に負担すべき費用

　会社の業務とは関係のない個人的な支出は会社の経費に計上することはできません。

　個人的な支出には、例えば、役員や従業員が家族や個人的な友人との食事の際に支払ったものなどが挙げられます。また、飲食等を伴う支出に限らず、旅行費用、車両関連費用、家賃等についても個人的な支出が含まれていることがありますので、注意が必要です。

　支出の中にこのような個人的な支出が含まれていないか確認することは大変重要です。このチェックをしておかなければ、不正な支出が行われ、会社に損害を与えることになりかねません。

　税務面でも、調査時に役員の個人的な支出であると認定された場合は、役員報酬となり損金の額に算入されないばかりか、源泉所得税の対象にもなり

ます。

　不正防止の観点からも、適正な税務申告という観点からも、個人的な支出が含まれていないか、支出の内容を確認するようにします。

② 交際費に該当するもの

　支出のうち、交際費に該当するものがないか確認します（161頁コラム交際費参照）。

③ 飲食等を伴う支出

飲食等を伴う支出の例として、以下のものが考えられます。
① 　仕事の打ち合わせの際の飲食費
　　通常、会議費となります。
② 　得意先・仕入先その他事業に関係のある者等に対する接待、供応等
　　交際費に該当しますが、一人当たりの金額が5,000円以下の場合は税務上の交際費から除かれます（156頁参照）。
③ 　役員や従業員に支給する食事代
　　通常、役員や従業員の給与になります。しかし、次の2つの要件をどちらも満たしてれば、給与とはなりません。
・　役員や従業員が食事代の半分以上を負担していること
・　食事代から役員や使用人が負担している金額を差し引いた金額が1か月あたり3,500円（税抜）以下であること
　　なお、残業などの際に支給する食事については給与とはなりません。
④ 　創立記念日等、社内の行事の際の飲食費
　　通常の飲食費用で、従業員に概ね一律で支給されるものであれば、福利厚生費となります。

経費全般
73 修繕費等の資料の保存

☑チェックシートの点検項目

科目等		点 検 項 目
経費全般	73	固定資産の付随費用及び修繕費については、その内容の分かる資料は保存されていますか。

▶ガイドブックの具体的な点検内容・解説

具体的な点検内容	解　　説
固定資産の修理・改良等のための支出や取得の際の付随費用の有無を確認できるようになっていますか。	適切な資産計上を行うことにより、経理水準が向上します。

.... 解　　説 ....

① 付随費用

　固定資産の取得のために要した付随費用には、取得経費と事業供用費用の2種類があります。

取得経費	資産が実際に手元に届くまでに要した費用 （例）・引取運賃 　　　・購入手数料 　　　・関税その他の租税公課 　　　・建物建設のための調査・測量等に要した費用
事業供用費用	取得してからその資産を事業に供するために要した費用 （例）・土地とともに取得した建物の取壊し費 　　　・機械装置の据付費・試運転費 　　　・工場、ビル、マンション棟の建設に伴って支出する住民対策費、公害補償費等の費用

　なお、以下の付随費用は、取得原価に含めなくてよいという取扱いがあり

ます。
① 固定資産を取得するために借り入れた借入金の利子の額
② 割賦販売契約（延払条件付譲渡契約を含む。）によって購入した固定資産の取得価額には、契約において購入代価と割賦期間分の利息及び売手側の代金回収のための費用等に相当する金額とが明らかに区分されている場合のその利息及び費用相当額
③ 不動産取得税又は自動車取得税、特別土地保有税のうち土地の取得に対して課されるもの、新増設に係る事業所税、登録免許税その他登記又は登録のために要する費用
④ 建物の建設等のために行った調査、測量、設計、基礎工事等でその建設計画を変更したことにより不要となったものに係る費用の額
⑤ 新工場の落成、操業開始等に伴って支出する記念費用等

2 修繕費

　法人が、その保有する固定資産に対して修繕や改良等を行うことにより、その資産の価値を高め又はその資産の耐久性を増すこととなるような場合には、その修繕や改良等のために支出した金額は資本的支出として取り扱われます。
　一方、固定資産に対して行う通常の維持管理費や毀損した部分の原状回復費については、修繕費として取り扱われます。
　資本的支出に該当する場合には、支出年度に全額を費用とはせず、減価償却を通じて費用としていきます。修繕費に該当する場合には、支出年度に費用とします。したがって、その支出が資本的支出に該当するか修繕費に該当するかの判断はとても重要となります。
　資本的支出と修繕費の区分についての判定は126頁を参照してください。

3 実務上の留意事項

(1) 配賦表の作成

　固定資産の取得価額については、エクセルなどで配賦表を作成すると、資産に計上するものが複数あり、それらに共通する付随費用が発生している場合に、共通経費をどのように按分したのかがわかりやすく、その備忘録として有用です。

　資本的支出か修繕費かについては、税務調査時に問題となることが多いところです。毀損した部分の原状回復であれば、修繕前と修繕後の写真を撮っておくとよいでしょう。

次の請求書をもとに、共通経費を各資産に配賦します。

御請求書

　　　株式会社　〇〇　　御中　　　　　　　請求No. ____1234____

合計　￥1,130,760 －　　　　　税込

　　　　　　　　　　　　　　　　　　　　　発行日：2015年8月20日
　　　　　　　　　　　　　　　　　　　　　　　　　〇〇建設株式会社

但し、〇〇店ブース工事費用として。
下記の通りご請求申し上げます。

No.	項目	金額	備考
	ブース工事		
	ブース工事追加分	137,000	
	ブース施行材	501,000	
	本棚	50,000	
	電気工事	30,000	
	共通経費		
	搬入費	200,000	
	経費	129,000	
	小計	1,047,000	
	消費税	83,760	
	合計	1,130,760	

＜配賦表＞

資産名	項目	金額	小計	共通経費按分	合計	消費税	取得価額
ブース工事	ブース工事追加分	137,000	638,000	292,343	930,343	74,427	1,004,770
	ブース施行材	501,000					
本棚		50,000	50,000	22,911	72,911	5,833	78,744
電気工事		30,000	30,000	13,746	43,746	3,500	47,246
共通経費	搬入費	200,000	329,000				
	経費	129,000					
合　　計		1,047,000	1,047,000	329,000	1,047,000	83,760	1,130,760

Ⅳ　損益関係

経費全般
74 前払費用の適切な区分

✓ チェックシートの点検項目

科目等		点 検 項 目
経費全般	74	前払費用となるものについて適切に区分しましたか。

▶ ガイドブックの具体的な点検内容・解説

具体的な点検内容	解　説
１年以内に費用化されるものと長期に及ぶものを区分していますか。	経理水準が向上します。

……………………… 解　説 ………………………

1 前払費用の長短区分

　保証料・保険料など、一定の契約に基づき継続して役務の提供を受ける場合に、いまだ提供されていない役務の提供に対して支払われた対価については、原則として損金の額に算入することはできず、前払費用として貸借対照表に計上しなければなりません。

　ただし、支払った日から１年以内に役務の提供を受けるような短期の前払費用である場合には、継続適用を要件として、支払った日の属する事業年度における損金の額に算入することが認められています。

　前払費用のうち、事業年度の末日後１年を超えて費用となるものについては、長期前払費用として投資その他の資産の部に計上します。

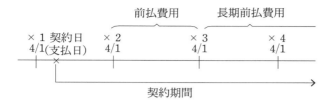

75 経費全般
繰延資産の確認

✅チェックシートの点検項目

科目等		点 検 項 目
経費全般	75	支出の効果が一年以上に及ぶものがないか確認しましたか。

▶ガイドブックの具体的な点検内容・解説

具体的な点検内容	解　説
経費のうち、支出の効果が一年以上に及ぶもの（研究開発に要した費用、建物賃借に係る権利金など）がないか確認しましたか。	経理水準が向上します。

·················· 解　説 ··················

1 繰延資産

　経費のうち、支出の効果が支出の日以後1年以上に及ぶものを、繰延資産といいます。繰延資産は、会計上の繰延資産と税法固有の繰延資産の2つがあります。

　繰延資産は、その実質は費用の前払いですので、支出した年度にその全額を費用に計上するのではなく、その効用が持続する期間にわたって償却します。

Ⅳ　損益関係　　187

② 会計上の繰延資産

種類	内容	償却期間（注）
創立費	設立登記までに支出した費用	5年
開業費	設立登記後営業開始までに支出した費用	5年
開発費	新技術・新経営組織の採用、資源の開発、市場の開拓等のために支出した費用	5年
株式交付費	新株の発行又は自己株式の処分に係る費用	3年
社債発行費	社債の発行に要した費用	社債の償還期限内

（繰延資産の会計処理に関する当面の取扱い　企業会計基準委員会より）
（注）法人税法上、会計上の繰延資産は償却期間にかかわらず任意に償却できます。

③ 税法固有の繰延資産

　税法固有の繰延資産とは、支出の効果が1年以上に及ぶもののうち、会計上の繰延資産以外のもので法人税法施行令に規定されたものをいいます。具体的には以下のものが該当します。

① 自己が便益を受ける公共的施設又は共同的施設の設置又は改良のために支出する費用
② 資産を賃借し又は使用するために支出する権利金、立退料その他の費用
③ 役務の提供を受けるために支出する権利金その他の費用
④ 製品等の広告宣伝の用に供する資産を贈与したことにより生ずる費用
⑤ ①から④までに掲げる費用のほか、自己が便益を受けるために支出する費用

　税法固有の繰延資産は、会計上の繰延資産と区別し、貸借対照表の投資その他の資産の部に「長期前払費用」の科目を付して表示します。

4 税法固有の繰延資産の償却期間

種類	細目	償却期間
公共的施設の設置又は改良のために支出する費用	(1) その施設又は工作物がその負担した者に専ら使用されるものである場合	その施設又は工作物の耐用年数の7/10に相当する年数
	(2) (1)以外の施設又は工作物の設置又は改良の場合	その施設又は工作物の耐用年数の4/10に相当する年数
共同的施設の設置又は改良のために支出する費用	(1) その施設がその負担者又は構成員の共同の用に供されるものである場合又は協会等の本来の用に供されるものである場合	イ 施設の建設又は改良に充てられる部分の負担金については、その施設の耐用年数の7/10に相当する年数 ロ 土地の取得に充てられる部分の負担金については、45年
	(2) 商店街等における共同のアーケード、日よけ、アーチ、すずらん灯等負担者の共同の用に供されるとともに併せて一般公衆の用にも供されるものである場合	5年（その施設について定められている耐用年数が5年未満である場合には、その耐用年数）
建物を賃借するために支出する権利金等	(1) 建物の新築に際しその所有者に対して支払った権利金等で当該権利金等の額が当該建物の賃借部分の建設費の大部分に相当し、かつ、実際上その建物の存続期間中賃借できる状況にあると認められるものである場合	その建物の耐用年数の7/10に相当する年数
	(2) 建物の賃借に際して支払った(1)以外の権利金等で、契約、慣習等によってその明渡しに際して借家権として転売できることになっているものである場合	その建物の賃借後の見積残存耐用年数の7/10に相当する年数

		(3) (1)及び(2)以外の権利金等の場合	5年（契約による賃借期間が5年未満である場合において、契約の更新に際して再び権利金等の支払を要することが明らかであるときは、その賃借期間）
電子計算機その他の機器の賃借に伴って支出する費用			その機器の耐用年数の7/10に相当する年数（その年数が契約による賃借期間を超えるときは、その賃借期間）
ノーハウの頭金等			5年（設定契約の有効期間が5年未満である場合において、契約の更新に際して再び一時金又は頭金の支払を要することが明らかであるときは、その有効期間の年数）
広告宣伝の用に供する資産を贈与したことにより生ずる費用			その資産の耐用年数の7/10に相当する年数（その年数が5年を超えるときは、5年）
スキー場のゲレンデ整備費用			12年
出版権の設定の対価			設定契約に定める存続期間（設定契約に存続期間の定めがない場合には、3年）
同業者団体等の加入金			5年
職業運動選手等の契約金等			契約期間（契約期間の定めがない場合には、3年）

76 雑収入・雑損失 スクラップ等の売却の書類の保存

☑ チェックシートの点検項目

科目等		点 検 項 目
雑収入・雑損失	76	スクラップ、副産物等を売却した内容の分かる書類は保存されていますか。

▶ ガイドブックの具体的な点検内容・解説

具体的な点検内容	解　　説
売却日や売却金額は明らかにされていますか。 収入に計上せず、そのまま従業員の福利厚生等に使用させていませんか。 決算期末において、貯蔵品として計上すべきスクラップ等はありませんか。	経理水準が向上します。 従業員の福利厚生等として使用する場合は、収入に計上してから使用するとよいでしょう。

・・・・・・・・・・・・・・・・・・・・・・・ 解　　説 ・・・・・・・・・・・・・・・・・・・・・・・

1 書類の保存

　スクラップや副産物を売却した際に書類をやりとりするケースは少なく、相手方が取引内容を記載したものを提供してくれることはほとんどありません。そこで、スクラップや副産物を売却したときは、売却した日付や相手方の名称、売却物、売却金額を記録した書類を作成し、場合によっては、相手方にその内容を確認してもらうようにします。

② 経理処理

　製造業の製造過程や建設業の建設現場などで、副産物やスクラップが発生し、これを業者に売却することがあります。

　これらの売却収入も、当然会社の収入ですので、雑収入として計上する必要があります。

　売却収入を従業員の福利厚生等として使用する場合は、いったん収入に計上したうえで、福利厚生費として支出する処理をします。

　［例］

　　建設現場で発生したスクラップを産廃業者に 10,000 円で売却した。

　　＜仕訳＞

　　（借方）現金　10,000　　（貸方）雑収入　10,000

　　そのお金で現場作業員のためにジュースを購入した。

　　＜仕訳＞

　　（借方）福利厚生費　6,800　　（貸方）現金　6,800

③ 留意事項

　決算時には、副産物やスクラップが残っていないか確認し、残っているときは、貯蔵品として計上します。

77 雑収入・雑損失
固定資産の売却等の書類の保存

☑ チェックシートの点検項目

科目等		点 検 項 目
雑収入・雑損失	77	固定資産を売却又は廃棄処分した内容の分かる書類は保存されていますか。

▶ ガイドブックの具体的な点検内容・解説

具体的な点検内容	解　　説
売却または廃棄した物や日付などが分かる書類を保存していますか。 固定資産台帳に適切に記載しましたか。	経理水準が向上します。 下取り費用の有無を確認しておくとなおよいでしょう。

·············· 解　　説 ··············

① 売却時

　固定資産を売却した場合で、相手方との間で契約書等を作成したときは、その書類を保存します。

　相手方との間で契約書等を作成しなかったときは、当方で取引内容（日付、相手方の氏名、住所、売却物、金額など）の分かる書類を作成し、保存しておきます。

② 廃棄時

　固定資産を廃棄処分した場合は、売却された場合と異なり、直接的な資金の動きを伴わない場合が多いため、帳簿記録が漏れる可能性があります。

記帳漏れを防止するために、必ず廃棄処分した内容の分かる書類を作成し、保存します。また、期末に固定資産台帳と現物とを照合する必要があります。

78 雑収入・雑損失
期末の外貨建債権債務の書類の保存

☑ チェックシートの点検項目

科目等		点 検 項 目
雑収入・雑損失	78	期末に保有している外貨建の債権債務については、残高証明など内容の分かる書類は保存されていますか。

▶ ガイドブックの具体的な点検内容・解説

具体的な点検内容	解　　説
外国通貨で支払いが行われる債権債務について、その内容の分かる書類は保存されていますか。	為替差損（益）が発生する場合があります。

……………………… 解　説 ………………………

① 書類の保存

　外貨建の債権債務については、会計上は決算時の為替相場により換算することとされています。法人税法上の換算方法も、換算方法の選定をすることにより、会計上の換算方法に合わせて期末時換算法とすることができます。
　期末の円換算額や換算差額を正確に計上するため、残高証明など内容の分かる書類を確認し、保存します。

② 換算方法

外貨建資産等の区分		会計上の換算方法	法人税法上の換算方法
外国通貨		決算時の為替相場により換算	期末時換算法
外貨預金	短期外貨預金	決算時の為替相場により換算	期末時換算法（法定換算方法）又は発生時換算法
	上記以外のもの		発生時換算法（法定換算方法）又は期末時換算法
外貨建債権債務	短期外貨建債権債務	決算時の為替相場により換算	期末時換算法（法定換算方法）又は発生時換算法
	上記以外のもの		発生時換算法（法定換算方法）又は期末時換算法

③ 換算差額の処理

(1) 会計上の取扱い

　決算時における換算によって生じた換算差額は、原則として、当期の為替差損益として処理します。

(2) 法人税法上の取扱い

　事業年度終了の時において外貨建資産等（期末時換算法によりその金額の円換算額への換算をするものに限ります）を有する場合には、その外貨建資産等の金額を期末時換算法により換算した金額とその外貨建資産等のその時の帳簿価額との差額に相当する金額は、その事業年度の所得の金額の計算上、益金の額又は損金の額に算入します。

　なお、益金又は損金に算入した金額は、翌事業年度の所得の金額の計算上損金の額又は益金の額に算入し、洗替処理を行います。

Ⅴ その他（消費税・印紙税）

79 消費税 課税売上げ等の課税区分の明確化

☑チェックシートの点検項目

科目等		点 検 項 目
消費税	79	課税売上げ、非課税売上げ、不課税取引、免税売上げの区分は明らかにされていますか。

▶ガイドブックの具体的な点検内容・解説

具体的な点検内容	解　　説
定期的に課税区分を確認していますか。 非課税売上と不課税売上の区分があいまいではありませんか。	消費税に関する経理水準が向上します。

·················· 解　説 ··················

① 消費税等の区分

　消費税法においては事業者が行う取引は、課税取引、非課税取引、不課税取引、免税取引の4つに区分して、次の表のようにおおむね整理することができます。

　なお、取引には売上げも仕入れも含まれます。

<取引の区分>

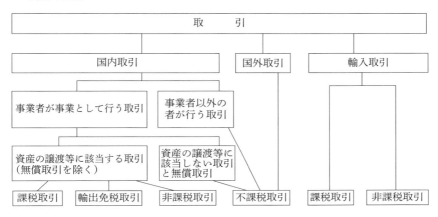

2 課税売上げ等

(1) 課税売上げ

課税売上げとは消費税等の課税対象となる売上をいいます。

国内において事業者が行った資産の譲渡等(特定資産の譲渡等に該当するものを除きます)及び特定仕入れ(事業として他の者から受けた特定資産の譲渡等をいいます)には、消費税が課されます。

つまり、「国内」で「事業者」が行った「資産の譲渡等」であれば消費税の対象となります。会社の売上の多くはこれらの要件を満たすため「課税の対象」となります。このうち、(2)～(3)に該当しないものが「課税資産の譲渡等」となります。

(2) 非課税売上げ

非課税売上げとは、資産の譲渡等に該当する取引のうち消費税が課されないものです。

【非課税取引】

一	土地（土地の上に存する権利を含みます。）の譲渡及び貸付け
二	有価証券等及び支払手段の譲渡
三	預貯金の利子及び保険料を対価とする役務の提供等
四	日本郵便株式会社などが行う郵便切手類の譲渡、印紙の売渡し場所における印紙の譲渡及び地方公共団体などが行う証紙の譲渡、商品券、プリペイドカードなどの物品切手等の譲渡など
五	国等が行う一定の事務に係る役務の提供、外国為替業務に係る役務の提供など
六	社会保険医療の給付等
七	介護保険サービスの提供、社会福祉事業等によるサービスの提供
八	助産に関するサービスの提供
九	墓地、埋葬料や火葬料を対価とする役務の提供
十	一定の身体障害者用物品の譲渡や貸付け
十一	学校教育法に規定する学校等の入学金や授業料、施設設備費等
十二	教科用図書の譲渡
十三	住宅の貸付け（貸付けに係る契約において人の居住の用に供することが明らかにされているものに限るものとし、一時的に使用させる場合等を除きます。）

非課税取引（売上げ・仕入れ）は、上記のものに限定されます。

（3）不課税取引

不課税取引とは、課税の対象とならない取引です。例えば、出資に対する配当金の受取りや保険金の受取りが該当します。

（4）免税売上げ

免税売上げとは、課税売上げに該当するもののうち消費税が免税となるもので、輸出取引が該当します。消費税等は内国消費税であり、国外において消費されるものには課税しないという考えによるものです。

輸出取引には、商品の輸出、国際電話、国際郵便などが該当します。

なお、輸出免税を受けるためには、その輸出取引等の区分に応じた一定の証明が必要となります。

＜例＞
① 物品の輸出のうち輸出の許可を受けるもの：輸出許可書
② サービスの提供など：その契約書などで一定の事項が記載されたもの

③ 課税区分の確認

課税売上げ・免税売上げ・非課税売上げの区分は、消費税等の納税義務の判定や課税売上割合の計算に影響がありますので、適正に把握しなければなりません。

また、非課税売上げと不課税取引は誤りやすいので注意が必要です。

（課税売上割合）

課税資産の譲渡等の金額（課税売上げ）
課税取引に係る資産の譲渡等の合計額 （課税売上げ＋非課税売上げ＋免税売上げ）

消費税
80 課税仕入れ等の課税区分の明確化

✅ チェックシートの点検項目

科目等		点 検 項 目
消費税	80	課税仕入れ、非課税仕入れ、不課税取引に区分されていますか。

▶ ガイドブックの具体的な点検内容・解説

具体的な点検内容	解　　説
定期的に課税区分を確認していますか。	消費税に関する経理水準が向上します。

································· 解　　説 ·································

1 課税仕入れ等の区分

　資産の譲渡等は、譲渡等をした者の相手にとっては資産の購入（仕入等）となりますので、79の解説における課税仕入れ・非課税仕入れ・不課税取引については、資産の譲渡等を行った者と受けた者では同じ取扱いとなります。

　ただし、課税仕入れ等を行った課税期間の課税売上高が5億円を超える場合又は課税売上割合が95％未満となる場合には、課税仕入れ等をその支出をすることにより生ずる売上の区分に応じて次のように3種類に区分します。

| 課税売上げにのみ対応する課税仕入れ | 課税仕入れ等に該当する支出のうち、課税売上げのためにのみ要するものをいいます。
例えば、課税売上げに該当する商品売上についての商品購入代金の支出やその商品についての広告宣伝費の支出などが該当します。
また、国外において行う資産の譲渡等のための課税仕入れ等についても課税売上げにのみ要するものとして取り扱います。 |

非課税売上げに のみ対応する課 税仕入れ	課税仕入れ等に該当する支出のうち、非課税売上げのためにのみ要するものをいいます。 例えば、非課税取引である土地譲渡のための広告宣伝費の支出などが該当します。
課税売上げと非 課税売上げに共 通する課税仕入 れ	課税仕入れ等に該当する支出のうち、課税売上げと非課税売上げの両方に共通して必要となるものをいいます。また、事業年度末までに課税売上げと非課税売上げのいずれのために要するものか不明確なものも含まれます。 例えば、本社の家賃や水道光熱費などが該当します。

② 課税区分の確認

　課税売上高が5億円を超える場合や課税売上割合が95％未満となる場合には、課税仕入れ等に係る消費税額等の全額が控除されないこととなります。

　この場合において個別対応方式を採用するときは、課税仕入れ等に係る消費税額等を①における3区分にする必要があります。したがって、課税仕入れ等については、その支出をすることにより生ずる売上と関連させて区分することとなります。

		課税売上高	
		5億円超	5億円以下
課税売上 割合	95％ 以上		全額控除します。
	95％ 未満	課税仕入れ等を3区分して仕入税額控除額を計算します。	

　なお、一括比例配分方式を採用する場合は、課税仕入れ等に係る消費税額等の全てを課税売上げと非課税売上げに共通して要するものとして控除計算を行います。ただし、一括比例配分方式を選択した課税期間開始の日から2年間は同方式を継続適用しなければなりません。

81 消費税 売却した固定資産の書類の保存

✓チェックシートの点検項目

科目等		点 検 項 目
消費税	81	固定資産を売却している場合には、売却価額のわかる書類が保存されていますか。

▶ガイドブックの具体的な点検内容・解説

具体的な点検内容	解　　　説
帳簿価額との差額で計上せず、売却価額の総額で会計処理していますか。	課税売上高が適切に計算され、消費税に関する経理水準が向上します。

·············· 解　　説 ··············

① 売却に係る契約書等の保存

　会社が固定資産を売却した場合には、国内において事業者が行った資産の譲渡等に該当するため、非課税対象取引でない限り、その売上金額は課税売上げとなります。

　［事例］帳簿価額100万円の車両を162万円（本体価格150万円、消費税額12万円）で売却した場合

　　＜仕訳＞

　　　（借方）現金預金　　162万円　　　（貸方）車　　　両　　100万円
　　　　　　　　　　　　　　　　　　　　　　　　仮受消費税　　 12万円
　　　　　　　　　　　　　　　　　　　　　　　　売　却　益　　 50万円

　課税売上げは、売却益の50万円ではなく、売却価額の162万円（税込）となることに留意します。

82 印紙税
契約書への印紙の適正な貼付等

☑チェックシートの点検項目

科目等	点 検 項 目
印紙税	82 契約書には、印紙が適正に貼付等されていますか。

▶ガイドブックの具体的な点検内容・解説

具体的な点検内容	解　説
契約書の作成時に印紙を貼付していますか。 課税文書に該当するか「印紙税の手引き」等で確認していますか。	適正な印紙税の納付に繋がります。

·············· 解　説 ··············

[1] 契約書の印紙

　会社が作成する文書のうち課税文書に該当するものは、印紙の貼付け及び消印が必要となります。課税文書とは次の3つのすべてに当てはまる文書をいいます。

（1）　印紙税法別表第一（課税物件表）に掲げられている20種類の文書により証明されるべき事項（課税事項）が記載されていること
（2）　当事者の間において課税事項を証明する目的で作成された文書であること
（3）　印紙税法第5条（非課税文書）の規定により印紙税を課税しないこととされている非課税文書でないこと

　一般的に会社が作成する契約書などは課税文書に該当するものが多いので、

国税庁ホームページの「印紙税の手引」などで確認をし、印紙の貼付け・消印を忘れないようにします。

印紙の貼付け・消印がないことを税務調査において指摘された場合には、本来貼り付けるべき印紙の額とその2倍の金額（要するに3倍の金額）の全額が過怠税となります。

〔例〕 1,000円の印紙が必要であったが、印紙を貼り付けていなかったので、本来の印紙税1,000円とその2倍の金額2,000円の合計3,000円を納付した。なお、納付した3,000円の全額が過怠税であり、損金の額に算入されない。

② 印紙税額一覧表

印紙税額一覧表は次のとおりです。

印紙税額一覧表

平成27年4月1日現在

（10万円以下又は10万円以上・・・10万円は含まれます。
10万円を超え又は10万円未満・・10万円は含まれません。）

番号	文書の種類	印紙税額（1通又は1冊につき）	主な非課税文書
1	1 不動産、鉱業権、無体財産権、船舶若しくは航空機又は営業の譲渡に関する契約書 （注）無体財産権とは、特許権、実用新案権、商標権、意匠権、回路配置利用権、育成者権、商号及び著作権をいいます。 （例）不動産売買契約書、不動産交換契約書、不動産売渡証書など 2 地上権又は土地の賃借権の設定又は譲渡に関する契約書 （例）土地賃貸借契約書、土地賃料変更契約書など 3 消費貸借に関する契約書 （例）金銭借用証書、金銭消費貸借契約書など 4 運送に関する契約書 （注）運送に関する契約書には、用船契約書を含み、乗車券、乗船券、航空券及び運送状は含まれません。 （例）運送契約書、貨物運送引受書など	記載された契約金額が 　　1万円以上　　10万円以下のもの　　200円 　10万円を超え　50万円以下　〃　　400円 　50万円を超え　100万円以下　〃　　1千円 100万円を超え　500万円以下　〃　　2千円 500万円を超え　1千万円以下　〃　　1万円 1千万円を超え　5千万円以下　〃　　2万円 5千万円を超え　　1億円以下　〃　　6万円 　1億円を超え　　5億円以下　〃　　10万円 　5億円を超え　　10億円以下　〃　　20万円 10億円を超え　50億円以下　〃　　40万円 50億円を超えるもの　　　　　　　60万円 契約金額の記載のないもの　　　　　　200円	記載された契約金額が1万円未満のもの

番号	文書の種類	印紙税額（1通又は1冊につき）	主な非課税文書
1	上記の1に該当する「不動産の譲渡に関する契約書」のうち、平成9年4月1日から平成30年3月31日までの間に作成されるものについては、契約書の作成年月日及び記載された契約金額に応じ、右欄のとおり印紙税額が軽減されています。 （注）契約金額の記載のないものの印紙税額は、本則どおり200円となります。	【平成26年4月1日～平成30年3月31日】 記載された契約金額が 　1万円以上　　50万円以下のもの　　200円 　50万円を超え　100万円以下　〃　　500円 　100万円を超え　500万円以下　〃　　1千円 　500万円を超え　1千万円以下　〃　　5千円 　1千万円を超え　5千万円以下　〃　　1万円 　5千万円を超え　　1億円以下　〃　　3万円 　1億円を超え　　5億円以下　〃　　6万円 　5億円を超え　　10億円以下　〃　　16万円 　10億円を超え　　50億円以下　〃　　32万円 　50億円を超えるもの　　　　　　　　48万円 【平成9年4月1日～平成26年3月31日】 記載された契約金額が 　1千万円を超え　5千万円以下のもの　1万5千円 　5千万円を超え　　1億円以下　〃　　4万5千円 　1億円を超え　　5億円以下　〃　　8万円 　5億円を超え　　10億円以下　〃　　18万円 　10億円を超え　　50億円以下　〃　　36万円 　50億円を超えるもの　　　　　　　　54万円	記載された契約金額が1万円未満のもの
	請負に関する契約書 （注）請負には、職業野球の選手、映画（演劇）の俳優（監督・演出家・プロデューサー）、プロボクサー、プロレスラー、音楽家、舞踊家、テレビジョン放送の演技者（演出家、プロデューサー）が、その者としての役務の提供を約することを内容とする契約を含みます。 （例）工事請負契約書、工事注文書、物品加工注文請書、広告契約書、映画俳優専属契約書、請負金額変更契約書など	記載された契約金額が 　1万円以上　　100万円以下のもの　　200円 　100万円を超え　200万円以下　〃　　400円 　200万円を超え　300万円以下　〃　　1千円 　300万円を超え　500万円以下　〃　　2千円 　500万円を超え　1千万円以下　〃　　1万円 　1千万円を超え　5千万円以下　〃　　2万円 　5千万円を超え　　1億円以下　〃　　6万円 　1億円を超え　　5億円以下　〃　　10万円 　5億円を超え　　10億円以下　〃　　20万円 　10億円を超え　　50億円以下　〃　　40万円 　50億円を超えるもの　　　　　　　　60万円 契約金額の記載のないもの　　　　　　200円	記載された契約金額が1万円未満のもの
2	上記の「請負に関する契約書」のうち、建設業法第2条第1項に規定する建設工事の請負に係る契約に基づき作成されるもので、平成9年4月1日から平成30年3月31日までの間に作成されるものについては、契約書の作成年月日及び記載された契約金額に応じ、右欄のとおり印紙税額が軽減されています。 （注）契約金額の記載のないものの印紙税額は、本則どおり200円となります。	【平成26年4月1日～平成30年3月31日】 記載された契約金額が 　1万円以上　　200万円以下のもの　　200円 　200万円を超え　300万円以下　〃　　500円 　300万円を超え　500万円以下　〃　　1千円 　500万円を超え　1千万円以下　〃　　5千円 　1千万円を超え　5千万円以下　〃　　1万円 　5千万円を超え　　1億円以下　〃　　3万円 　1億円を超え　　5億円以下　〃　　6万円 　5億円を超え　　10億円以下　〃　　16万円 　10億円を超え　　50億円以下　〃　　32万円 　50億円を超えるもの　　　　　　　　48万円 【平成9年4月1日～平成26年3月31日】 記載された契約金額が 　1千万円を超え　5千万円以下のもの　1万5千円 　5千万円を超え　　1億円以下　〃　　4万5千円 　1億円を超え　　5億円以下　〃　　8万円 　5億円を超え　　10億円以下　〃　　18万円 　10億円を超え　　50億円以下　〃　　36万円 　50億円を超えるもの　　　　　　　　54万円	

番号	文書の種類	印紙税額（1通又は1冊につき）	主な非課税文書
3	約束手形、為替手形 （注）1 手形金額の記載のない手形は非課税となりますが、金額を補充したときは、その補充をした人がその手形を作成したものとみなされ、納税義務者となります。 2 振出人の署名のない白地手形（手形金額の記載のないものは除きます。）で、引受人やその他の手形当事者の署名のあるものは、引受人やその他の手形当事者がその手形を作成したことになります。	記載された手形金額が 　10万円以上　　100万円以下のもの　　　200円 　100万円を超え　200万円以下　〃　　　　400円 　200万円を超え　300万円以下　〃　　　　600円 　300万円を超え　500万円以下　〃　　　1千円 　500万円を超え　1千万円以下　〃　　　2千円 　1千万円を超え　2千万円以下　〃　　　4千円 　2千万円を超え　3千万円以下　〃　　　6千円 　3千万円を超え　5千万円以下　〃　　　1万円 　5千万円を超え　　1億円以下　〃　　　2万円 　1億円を超え　　　2億円以下　〃　　　4万円 　2億円を超え　　　3億円以下　〃　　　6万円 　3億円を超え　　　5億円以下　〃　　　10万円 　5億円を超え　　　10億円以下　〃　　　15万円 　10億円を超えるもの　　　　　　　　　20万円	1 記載された手形金額が10万円未満のもの 2 手形金額の記載のないもの 3 手形の複本又は謄本
	①一覧払のもの、②金融機関相互間のもの、③外国通貨で金額を表示したもの、④非居住者円表示のもの、⑤円建銀行引受手形	200円	
4	株券、出資証券若しくは社債券又は投資信託、貸付信託、特定目的信託若しくは受益証券発行信託の受益証券 （注）1 出資証券には、投資証券を含みます。 2 社債券には、特別の法律により法人の発行する債券及び相互会社の社債券を含むものとする。	記載された券面金額が 　500万円以下のもの　　　　　　　　　200円 　500万円を超え1千万円以下のもの　1千円 　1千万円を超え5千万円以下　〃　　　2千円 　5千万円を超え　1億円以下　〃　　　1万円 　1億円を超えるもの　　　　　　　　　2万円 （注）　株券、投資証券については、1株（1口）当たりの払込金額に株数（口数）を掛けた金額を券面金額とします。	1 日本銀行その他特定の法人の作成する出資証券 2 譲渡が禁止されている特定の受益証券 3 一定の要件を満たしている額面株式の株券の無効手続に伴い新たに作成する株券
5	合併契約書又は吸収分割契約書若しくは新設分割計画書 （注）1 会社法又は保険業法に規定する合併契約を証する文書に限ります。 2 会社法に規定する吸収分割契約又は新設分割計画を証する文書に限ります。	4万円	

番号	文書の種類	印紙税額（1通又は1冊につき）	主な非課税文書
6	定款 (注) 株式会社、合名会社、合資会社、合同会社又は相互会社の設立のときに作成される定款の原本に限ります。	4万円	株式会社又は相互会社の定款のうち公証人法の規定により公証人の保存するもの以外のもの
7	継続的取引の基本となる契約書 (注) 契約期間が3か月以内で、かつ更新の定めのないものは除きます。 (例) 売買取引基本契約書、特約店契約書、代理店契約書、業務委託契約書、銀行取引約定書など	4千円	
8	預金証書、貯金証書	200円	信用金庫その他特定の金融機関の作成するもので記載された預入額が1万円未満のもの
9	貨物引換証、倉庫証券、船荷証券 (注) 1 法定記載事項の一部を欠く証書で類似の効用があるものを含みます。 2 倉庫証券には農業倉庫証券及び連合農業倉庫証券は含みません。	200円	船荷証券の謄本
10	保険証券	200円	
11	信用状	200円	
12	信託行為に関する契約書 (注) 信託証書を含みます。	200円	
13	債務の保証に関する契約書 (注) 主たる債務の契約書に併記するものは除きます。	200円	身元保証ニ関スル法律に定める身元保証に関する契約書
14	金銭又は有価証券の寄託に関する契約書	200円	
15	債権譲渡又は債務引受けに関する契約書	記載された契約金額が1万円以上のもの 200円 契約金額の記載のないもの 200円	記載された契約金額が1万円未満のもの
16	配当金領収証、配当金振込通知書	記載された配当金額が3千円以上のもの 200円 配当金額の記載のないもの 200円	記載された配当金額が3千円未満のもの

番号	文書の種類	印紙税額（1通又は1冊につき）	主な非課税文書
17	1 売上代金に係る金銭又は有価証券の受取書 （注）1 売上代金とは、資産を譲渡することによる対価、資産を使用させること（権利を設定することを含みます。）による対価及び役務を提供することによる対価をいい、手付けを含みます。 2 株券等の譲渡代金、保険料、公社債及び預貯金の利子などは売上代金から除かれます。 （例）商品販売代金の受取書、不動産の賃貸料の受取書、請負代金の受取書、広告料の受取書など	記載された受取金額が 　100万円以下のもの　　　　　　　　　　200円 　100万円を超え 200万円以下のもの　　　400円 　200万円を超え 300万円以下　〃　　　　600円 　300万円を超え 500万円以下　〃　　　1千円 　500万円を超え 1千万円以下　〃　　　2千円 　1千万円を超え 2千万円以下　〃　　　4千円 　2千万円を超え 3千万円以下　〃　　　6千円 　3千万円を超え 5千万円以下　〃　　　1万円 　5千万円を超え　 1億円以下　〃　　　2万円 　1億円を超え　 2億円以下　〃　　　4万円 　2億円を超え　 3億円以下　〃　　　6万円 　3億円を超え　 5億円以下　〃　　　10万円 　5億円を超え　10億円以下　〃　　　15万円 　10億円を超えるもの　　　　　　　　　20万円 受取金額の記載のないもの　　　　　　　　200円	次の受取書は非課税 1 記載された受取金額が <u>5万円未満（※）</u> のもの 2 営業に関しないもの 3 有価証券、預貯金証書など特定の文書に追記した受取書 ※ 平成26年3月31日までに作成されたものについては、記載された受取金額が3万円未満のものが非課税とされていました。
	2 売上代金以外の金銭又は有価証券の受取書 （例）借入金の受取書、保険金の受取書、損害賠償金の受取書、補償金の受取書、返還金の受取書など	200円	
18	預金通帳、貯金通帳、信託通帳、掛金通帳、保険料通帳	1年ごとに　　　　　　　　　　　　　　　200円	1 信用金庫など特定の金融機関の作成する預貯金通帳 2 所得税が非課税となる普通預金通帳など 3 納税準備預金通帳
19	消費貸借通帳、請負通帳、有価証券の預り通帳、金銭の受取通帳などの通帳 （注）18に該当する通帳を除きます。	1年ごとに　　　　　　　　　　　　　　　400円	
20	判取帳	1年ごとに　　　　　　　　　　　　　　　4千円	

（出典：国税庁ホームページ）

印紙税
83 領収書等への適切な印紙の貼付等

☑ チェックシートの点検項目

科目等		点 検 項 目
印紙税	83	自社で発行する領収書・レシートには、適切に印紙を貼付等していますか。

▶ ガイドブックの具体的な点検内容・解説

具体的な点検内容	解　　説
5万円※以上の領収書等には印紙を貼付していますか。 ※　平成26年4月1日以降作成のもの（平成26年3月以前は3万円）	適正な印紙税の納付に繋がります。

·············· 解　　説 ··············

1 領収書等の印紙

　平成26年4月1日以降に作成する領収書等については、その金額が5万円以上のものについて印紙の貼付け・消印が必要となります。

　なお、消費税額等が区分記載されている場合や、税込価格と税抜価格が記載されていることにより消費税額等が明らかな場合には、消費税額等を含めない金額で判定することとなります。

　〔例1〕　領収書等に「税抜価格100,000円」と「消費税額等8,000円」が
　　　　　記載されている場合
　　　　　　→税抜価格100,000円にて判定
　〔例2〕　領収書等に「税込価格108,000円」と「うち消費税額等8,000円」
　　　　　が記載されている場合

　　　　　→税抜価格 100,000 円にて判定
〔例3〕　領収書等に「税込価格 108,000 円」と「消費税額等を含む」が記載されている場合
　　　　　→税込価格 108,000 円にて判定
〔例4〕　領収書等に「税込価格 108,000 円」と「本体価格 100,000 円」が記載されている場合
　　　　　→税抜価格 100,000 円にて判定
＊　消費税率は8％とします。

第3章

自主点検チェックシート
と
自主点検ガイドブック

自主点検チェックシート	212
自主点検ガイドブック	225
自主点検チェックシート【入門編】	238
自主点検ガイドブック【入門編】	248

自主点検チェックシート

事業年度 （第　期）	自	年	月	日
	至	年	月	日

公益財団法人 全国法人会総連合

監修：日本税理士会連合会

後援：国　　税　　庁

自主点検について

《目的》
　企業を成長させるためには、内部統制及び経理能力の水準を向上させることが重要な要素と考えられます。
　経営者が『自主点検チェックシート』を有効に活用することを通じて、内部統制及び経理能力の水準を向上させ、自社の成長を目指し、ひいては税務リスクの軽減にもつながることを期待しています。

《自主点検の流れ》

点検担当者（経理責任者等）は、【点検項目チェック表】の「点検項目」について、点検してください。

※　点検内容を詳しく知りたいときは、別冊『自主点検ガイドブック』を参照してください。
※　自社の成長につなげるために、点検は税理士等ではなく、自社で行いましょう。

点検した結果を、「点検欄」に「〇」、「×」で記入してください。
自社に該当のない項目や税理士等が確認している項目は「－」を記入してください。

※　一部できていないという場合には、自社の成長につなげるため、「×」をつけましょう。
※　点検回数は、自社の実情に応じて決め、継続して取り組みましょう。

「×」の項目について、その内容等を【点検結果記入表】に記入してください。

（点検結果を代表者に報告）

代表者は、【点検結果記入表】の点検結果から改善方針を策定し、今後の改善につなげていきます。

○ 点検項目チェック表

			Ⅰ　社内体制			
科目等		点　検　項　目	点　検　欄			
			／	／	／	／
文書管理	1	自社で使用する領収書等は定型化され、担当者の責任の下に保管されていますか。				
	2	重要な書類等（現金、通帳、権利証等）は金庫に保管・施錠し、鍵は適切に保管されていますか。				
	3	通帳、小切手帳、手形帳等と印鑑は別の場所に保管されていますか。				
	4	小切手帳、手形帳の控えは必要事項（支払先など）が記入され、保管されていますか。				
	5	書損じた小切手、手形は社印を抹消した上で、控えに添付されていますか。				
	6	インターネットバンキングのID、パスワードはセキュリティの観点から適切に保管されていますか。				
	7	インターネットバンキングによる送受金は、上席の責任者によって確認する体制になっていますか。				
	8	注文書、納品書、請求書などの書類は一定の基準の下に整理し、保存されていますか。				
	9	株主総会、取締役会等の議事録は適切に作成し、保存されていますか。				
	10	税務署などに提出している申告書・届出書等の控えは適切に保存されていますか。				
	11	継続的取引に関しては、契約書を作成していますか。				

○ 点検項目チェック表

Ⅱ 貸借関係（資産科目）

科目等		点　検　項　目	点　検　欄			
			✓	✓	✓	✓
現預金 小切手 受取手形	12	手許現金と帳簿の残高は一致していますか。				
	13	現金、小切手による高額又は予定外（緊急）の支払いは、その理由が明らかにされていますか。				
	14	預金（通帳）と帳簿の残高は一致していますか。				
	15	受取手形の現物と補助簿（受取手形記入帳）は定期的に照合されていますか。				
売掛金 未収金	16	補助簿（売掛一覧表）と得意先に対する請求残高は一致していますか。				
	17	残高がマイナスになっている得意先については、その理由が明らかにされていますか。				
	18	回収が遅延しているものについては、その理由が明らかにされていますか。				
	19	入金条件（決裁日、決裁手段）に変更があるものについては、その理由が明らかにされていますか。				
	20	決算期末においては、締め後の取引についても、売掛金等に含めていますか。				
棚卸資産	21	実地棚卸は定期的に行われていますか。				
	22	棚卸表の原始記録は廃棄されずに保存されていますか。				
	23	陳腐化した在庫については、正常在庫との区分が明らかにされていますか。				
	24	決算期末において、預け在庫・預かり在庫の有無・金額を確認する体制になっていますか。				

自主点検チェックシート

○ 点検項目チェック表

			Ⅱ 貸借関係 (資産科目)			
科目等		点　検　項　目	点　検　欄			
			／	／	／	／
棚卸資産	25	決算期末において、取引先又は自社に積送中の商品等は明らかにされていますか。				
	26	棚卸資産の自社消費等は売上に計上されていますか。				
貯蔵品	27	商品券・印紙・切手等は、受払簿等を作成し、その管理が適正に行われていますか。				
仮払金 前渡金 前払費用 立替金	28	相手先、金額及び内容を個別に確認していますか。				
	29	未精算の残高・期間が多額・長期化しているものがないか確認していますか。				
固定資産	30	固定資産については、付番管理を行うとともに配置場所を把握していますか（配置表は作成していますか。）。				
	31	固定資産の現物と補助簿（減価償却台帳）は定期的に照合していますか。				
有価証券 出資金 会員権	32	名義は適切に変更されていますか。				
貸付金	33	契約書の内容を確認していますか。 役員、グループ法人への貸付金はその理由が明確にされていますか。				
	34	回収が遅延しているものについては、その理由が明らかにされていますか。				
	35	受取利息は適正な利率で計上されていますか。				
	36	貸付先に対して、定期的に残高確認が実施されていますか。				

○ 点検項目チェック表

Ⅲ 貸借関係（負債・資本科目）

科目等		点 検 項 目	点 検 欄			
			✓	✓	✓	✓
支払手形	37	支払手形記入帳と手形発行控とを定期的に照合していますか。				
買掛金 未払金 未払費用	38	補助簿（買掛一覧表、仕入先元帳）と請求書の金額は一致していますか。				
	39	残高がマイナスになっている取引先がないか確認しましたか。				
	40	支払が滞留しているものはないか確認しましたか。				
	41	支払条件の変化について確認しましたか。				
	42	決算期末においては、締め後の取引についても買掛金等に含めていますか。				
	43	配当の未払金については、支払が確定した日から1年が経過したものについて、適正に源泉徴収がされていますか。				
前受金 仮受金 預り金	44	相手先、金額及び内容を個別に確認していますか。				
	45	未精算の残高・期間が多額・長期化しているものがないか確認していますか。				
	46	納付が遅延している源泉所得税や社会保険などの預り金はありませんか。				
借入金	47	契約書の内容を確認していますか。 役員、グループ法人からの借入金はその理由が明確にされていますか。				
	48	支払利息は適正な利率で計上していますか。				
	49	借入先に対して、定期的に残高確認が実施されていますか。				

○ 点検項目チェック表

			点 検 欄			
科目等		点　検　項　目	／	／	／	／
売上	50	自社の売上計上基準に基づいて計上されていますか。				
	51	値引き、割引、割戻し等は責任者の承認の下に処理されていますか。				
	52	相殺がある場合には、相殺前の金額で売上に計上していますか。				
売上原価 製造原価 工事原価	53	自社の仕入計上基準に基づいて計上されていますか。				
	54	自社の固定資産に計上すべきものについて適切に区分しましたか。				
	55	自社専属の外注先と従業員との区分が明確にされていますか。				
	56	値引き、割引、割戻し等は適切に処理されていますか。				
役員報酬	57	株主総会の決議等に基づいて、適切な時期に支給されていますか。				
給料 賞与	58	労働者台帳（名簿）は適正に作成されていますか。				
	59	扶養控除等申告書等は期限までに提出を受け、適切に保存されていますか。				
	60	出勤簿、タイムカードは適切に作成・保管されていますか。				
福利厚生費	61	食事の支給や借上げ社宅など所得税の源泉徴収が必要となる支出について確認しましたか。				
旅費交通費	62	実費精算又は出張旅費規程に基づき支出していますか。				

Ⅳ　損益関係

○ 点検項目チェック表

Ⅳ 損益関係

科目等		点 検 項 目	点 検 欄			
			✓	✓	✓	✓
交際費	63	参加人員、相手先、支出内容が明らかにされていますか。				
	64	精算をせず、渡し切りとなっているものがないか確認しましたか。				
賃借料	65	契約書により、契約者、支払内容、金額、期間を確認していますか。				
	66	賃借物件の使用目的は明確にされていますか。				
	67	敷金・権利金等について、資産性（前払費用）の有無を確認しましたか。				
保険料	68	支払保険料について、資産性（保険積立金）の有無を確認しましたか。				
	69	決算期末における保険積立金の残高等を確認していますか。				
経費全般	70	支出の相手方が不明なものについては、その内容を確認しましたか。				
	71	領収書の宛名は法人名（自社）となっていますか。				
	72	特に飲食等を伴う支出については、①個人的に負担すべきもの、②交際費に該当するものがないか確認しましたか。				
	73	固定資産の付随費用及び修繕費については、その内容の分かる資料は保存されていますか。				
	74	前払費用となるものについて適切に区分しましたか。				
	75	支出の効果が一年以上に及ぶものがないか確認しましたか。				

○ 点検項目チェック表　　　　　　　　　Ⅳ　損益関係

科目等		点　検　項　目	点	検	欄	
			/	/	/	/
雑収入 雑損失	76	スクラップ、副産物等を売却した内容の分かる書類は保存されていますか。				
	77	固定資産を売却又は廃棄処分した内容の分かる書類は保存されていますか。				
	78	期末に保有している外貨建の債権債務については、残高証明など内容の分かる書類は保存されていますか。				

○ 点検項目チェック表　　　　　　　　　Ⅴ　その他（消費税・印紙税）

科目等		点　検　項　目	点	検	欄	
			/	/	/	/
消費税	79	課税売上げ、非課税売上げ、不課税取引、免税売上げの区分は明らかにされていますか。				
	80	課税仕入れ、非課税仕入れ、不課税取引に区分されていますか。				
	81	固定資産を売却している場合には、売却価額のわかる書類が保存されていますか。				
印紙税	82	契約書には、印紙が適正に貼付等されていますか。				
	83	自社で発行する領収書・レシートには、適切に印紙を貼付等していますか。				

○ 点検結果記入表
（　　月　　日点検分）

点検担当者：

項目番号	点検担当者記入欄	代表者記入欄
	点検結果	改善方針

○ 点検結果記入表
（　　月　　日点検分）　　　　点検担当者：

項目番号	点検担当者記入欄	代表者記入欄
	点検結果	改善方針

○ 点検結果記入表
（　　月　　日点検分）

点検担当者：

項目番号	点検担当者記入欄	代表者記入欄
	点検結果	改善方針

自主点検チェックシート

○ 点検結果記入表
（　　月　　日点検分）

点検担当者：

項目番号	点検担当者記入欄 点検結果	代表者記入欄 改善方針

自主点検ガイドブック

公益財団法人 全国法人会総連合

監修：日本税理士会連合会

後援：国税庁

自主点検チェックシートの記入方法

「点検項目」に基づいて自主点検し、その結果を「点検欄」に記入してください。

○ 点検項目チェック表

科目等		点 検 項 目	点 検 欄			
			4／1	／	／	／
文書管理	1	自社で使用する領収書等は定型化され、担当者の責任の下に保管されていますか。	○			
	2	重要な書類等（現金、通帳、権利証等）は金庫に保管・施錠し、鍵は適切に保管されていますか。	×			

Ⅰ　社内体制

点検結果が「×」の場合には、その内容を【点検結果記入表】に記入してください。

○ 点検結果記入表（　4月　1日点検分）　　　点検担当者：○○　○○

点検担当者記入欄		代表者記入欄
項目番号	点検結果	改善方針
2	金庫に保管しているが、施錠していなかった。	

代表者は、改善方針を策定し、これを点検担当者に指示してください。

○ 点検結果記入表（　4月　1日点検分）　　　点検担当者：○○　○○

点検担当者記入欄		代表者記入欄
項目番号	点検結果	改善方針
2	金庫に保管しているが、施錠していなかった。	確実に施錠し、鍵は○○が管理すること

○点検項目チェック表（ガイドブック）

点 検 項 目	具体的な点検内容	解説
Ⅰ. 社内体制－文書管理		
1 自社で使用する領収書等は定型化され、担当者の責任の下に保管されていますか。	会社名は印刷されていますか。 自由に持ち出しされる可能性はありませんか。	会社名を騙られることを防止します。 内部の不正等を未然に防止します。 一連番号が付されていれば、なお良いでしょう。
2 重要な書類等（現金、通帳、権利証等）は金庫に保管・施錠し、鍵は適切に保管されていますか。	施錠されないところに保管されていませんか。 未使用の小切手帳や手形帳も管理していますか。 誰でも開けられるようになっていませんか。	盗難被害を小さくします。 内部の不正等を未然に防止します。 鍵の管理を徹底すると、責任の所在が明確になります。
3 通帳、小切手帳、手形帳等と印鑑は別の場所に保管されていますか。	勝手に出金等ができないようになっていますか。	盗難被害を小さくします。 内部の不正等を未然に防止します。 出金等の決裁体制があれば、なお良いでしょう。
4 小切手帳、手形帳の控えは必要事項（支払先など）が記入され、保管されていますか。	白紙になっていませんか。 破棄されていませんか。 控えの枚数は合っていますか。	支払先・金額等を明確にします。 内部の不正等を未然に防止します。 摘要も記入されていれば、なお良いでしょう。
5 書損じた小切手、手形は社印を抹消した上で、控えに添付されていますか。	破棄していませんか。 今後、使用できないように処置されていますか。	内部の不正等を未然に防止します。 書損じの理由が明確にされていれば、なお良いでしょう。
6 インターネットバンキングのID、パスワードはセキュリティの観点から適切に保管されていますか。	端末付近にID等を記載したりしていませんか。	内部の不正等を未然に防止します。 特定の者のみ操作できる体制であれば、なお良いでしょう。 外部への流出を防止します。
7 インターネットバンキングによる送受金は、上席の責任者によって確認する体制になっていますか。	送受金が、担当者のみで処理されていませんか。	内部の不正等を未然に防止します。 上位の者に取引内容が自動的に送信される体制であれば、なお良いでしょう。
8 注文書、納品書、請求書などの書類は一定の基準の下に整理し、保存されていますか。	後日、確認しやすいよう整理されていますか。	経理水準が向上します。 経理の事務効率が向上します。

自主点検ガイドブック

	点検項目	具体的な点検内容	解説
9	株主総会、取締役会等の議事録は適切に作成し、保存されていますか。	議事録を作成していないものはありませんか。	的確な会社運営に繋がります。 経理水準が向上します。
10	税務署などに提出している申告書・届出書等の控えは適切に保存されていますか。	会社控えを確実に保存していますか。 関与税理士に任せきりにしていませんか。	経理水準が向上します。
11	継続的取引に関しては、契約書を作成していますか。	契約条件などを明らかにしていますか。 作成した場合は、印紙を貼付していますか。	後日の紛争を防止します。 経理水準が向上します。
Ⅱ.貸借関係（資産科目）－現預金・小切手・受取手形			
12	手許現金と帳簿の残高は一致していますか。	出納帳への記載漏れはありませんか。	内部の不正等を未然に防止します。 不明な入出金の解明に繋がります。 個人と法人の区分が明らかになります。
13	現金、小切手による高額又は予定外（緊急）の支払いは、その理由が明らかにされていますか。	振込や手形で支払うべき取引が明確な理由もなく、現金、小切手で支払われていることはありませんか。	内部の不正等を未然に防止します。 支払方法の基準が定められていれば、なお良いでしょう。
14	預金（通帳）と帳簿の残高は一致していますか。	帳簿への記載漏れはありませんか。	内部の不正等を未然に防止します。 不明な入出金の解明に繋がります。
15	受取手形の現物と補助簿（受取手形記入帳）は定期的に照合されていますか。	受取手形の現物は補助簿（受取手形記入表）の記載内容と一致していますか。 補助簿への記載漏れはありませんか。	内部の不正等を未然に防止します。 資金繰りの安定に繋がります。
Ⅱ.貸借関係（資産科目）－売掛金・未収金			
16	補助簿（売掛一覧表）と得意先に対する請求残高は一致していますか。	補助簿（売掛一覧表）への記載漏れはありませんか。 請求書の作成漏れはありませんか。	回収予定の資金が把握され、資金繰りの安定に繋がります。 回収漏れを未然に防止します。

点 検 項 目	具体的な点検内容	解説
17 残高がマイナスになっている得意先については、その理由が明らかにされていますか。	補助簿（売掛一覧表）への記載漏れがありませんか。 借入金や貸付金等の入金と混同していませんか。	適切な入金管理に繋がります。 経理水準が向上します。
18 回収が遅延しているものについては、その理由が明らかにされていますか。	遅延した理由を取引先に確認していますか。 取引先の経営状況等を把握し、回収が可能であるか検討していますか。	適切な入金管理に繋がります。 内部の不正等を未然に防止します。
19 入金条件（決済日、決済手段）に変更があるものについては、その理由が明らかにされていますか。	入金条件の変更は自社が同意したものですか。 入金条件について書面などにより確認していますか。	適切な入金管理に繋がります。 内部の不正等を未然に防止します。
20 決算期末においては、締め後の取引についても、売掛金等に含めていますか。	決算期末において、引渡しや役務提供を了しているものは、売掛金等に含めていますか。	経理水準が向上します。

Ⅱ．貸借関係（資産科目）－棚卸資産

点 検 項 目	具体的な点検内容	解説
21 実地棚卸は定期的に行われていますか。	帳簿棚卸との開差が生じていませんか。 あるべき在庫がなくなっていませんか。	適切な在庫管理に繋がります。 内部の不正等を未然に防止します。
22 棚卸表の原始記録は廃棄されずに保存されていますか。	実地棚卸をした際の原始記録は棚卸表とともに保存していますか。	実地棚卸の過程が明らかになり、適切な在庫管理に繋がります。
23 陳腐化した在庫については、正常在庫との区分が明らかにされていますか。	陳腐化した在庫は正常在庫と区分して管理されていますか。 陳腐化の内容等は明らかにされていますか。	①税務上の評価損の検討、②在庫削減を適切に行うことができ、適切な在庫管理、ひいてはコスト削減に繋がります。
24 決算期末において、預け在庫・預かり在庫の有無・金額を確認する体制になっていますか。	他社に預けている自社在庫のリストを保存していますか。 自社が預かっている他社在庫は明確に区分されていますか。	適切な在庫管理に繋がります。 内部の不正等を未然に防止します。
25 決算期末において、取引先又は自社に積送中の商品等は明らかにされていますか。	取引先又は自社に積送中の商品等を適切に把握し、期末在庫に計上すべきか検討しましたか。	適切な在庫管理に繋がります。

	点 検 項 目	具体的な点検内容	解説
26	棚卸資産の自社消費等は売上に計上されていますか。	棚卸資産の自社消費（例えば、飲食店における従業員の懇親会への消費）は、売上として計上していますか。	経理水準が向上します。

| Ⅱ.貸借関係（資産科目）－貯蔵品 |

	点 検 項 目	具体的な点検内容	解説
27	商品券・印紙・切手等は、受払簿等を作成し、その管理が適正に行われていますか。	受払簿等により、誰が、何時、何の目的で使用したか明らかにされていますか。残数量についても明らかにされ、決算期末においては、貯蔵品として計上していますか。	内部の不正等を未然に防止します。適切な在庫管理に繋がります。

| Ⅱ.貸借関係（資産科目）－仮払金・前渡金・前払費用・立替金 |

	点 検 項 目	具体的な点検内容	解説
28	相手先、金額及び内容を個別に確認していますか。	内容等の不明な支出はありませんか。内容等から他の科目とすべきものはありませんか。	経理水準が向上します。
29	未精算の残高・期間が多額・長期化しているものがないか確認していますか。	相手先に多額・長期化している理由を確認し、早期の精算に努めていますか。内容等から他の科目（貸付金など）とすべきものはありませんか。	経理水準が向上します。内部の不正等を未然に防止します。

| Ⅱ.貸借関係（資産科目）－固定資産 |

	点 検 項 目	具体的な点検内容	解説
30	固定資産については、付番管理を行うとともに配置場所を把握していますか（配置表は作成していますか。）。	機械装置・備品等、固定資産を付番管理するとともに配置場所を把握していますか（配置表を作成していますか、または台帳等に配置場所を記載していますか）。	付番管理・配置表の作成により、現物の確認が一層容易になります。
31	固定資産の現物と補助簿（減価償却台帳）は定期的に照合していますか。	補助簿に計上されていない固定資産はありませんか。固定資産の現物がどこにあるか明らかになっていますか。	減価償却費の適切な計上に繋がります。除却損益の適切な計上に繋がります。内部の不正等を未然に防止します。

点検項目	具体的な点検内容	解説
Ⅱ. 貸借関係（資産科目）－有価証券・出資金・会員権		
32 名義は適切に変更されていますか。	会社所有のものについて、代表者等が変わった場合など、名義が適切に変更されていますか。	名義変更が適切に行われることによって、後日の紛争を防止します。
Ⅱ. 貸借関係（資産科目）－貸付金		
33 契約書の内容を確認していますか。役員、グループ法人への貸付金はその理由が明確にされていますか。	利率、期間等契約条件は適正ですか。役員、グループ法人への貸付金について、稟議書・決裁書等により、その理由が明確にされていますか。	内部の不正等を未然に防止します。貸付先との後日の紛争を防止します。
34 回収が遅延しているものについては、その理由が明らかにされていますか。	回収が遅延している貸付金について貸付先に督促し、その理由を確認していますか。	不良債権化、貸倒れ防止に役立ちます。滞留の理由を記録することにより債権回収に役立ちます。
35 受取利息は適正な利率で計上されていますか。	著しく高い又は低い利率で受取利息が計上されていませんか。特に役員、グループ法人からの利息には注意が必要です。	内部の不正等を未然に防止します。貸付先との後日の紛争を防止します。
36 貸付先に対して、定期的に残高確認が実施されていますか。	書面等により貸付先と相互に残高確認を行っていますか。	内部の不正等を未然に防止します。貸付先との後日の紛争を防止します。
Ⅲ. 貸借関係（負債・資本科目）－支払手形		
37 支払手形記入帳と手形発行控とを定期的に照合していますか。	手形発行控（支払手形の控え（耳））と補助簿（支払手形記入帳）の相手先、金額は一致していますか。	経理水準が向上します。相手先との後日の紛争を防止します。資金繰りの安定に繋がります。
Ⅲ. 貸借関係（負債・資本科目）－買掛金・未払金・未払費用		
38 補助簿（買掛一覧表、仕入先元帳）と請求書の金額は一致していますか。	仕入先からの請求の内容と補助簿（買掛一覧表、仕入先元帳）を照合していますか。	経理水準が向上します。仕入先との後日の紛争を防止します。資金繰りの安定に繋がります。

自主点検ガイドブック

	点検項目	具体的な点検内容	解説
39	残高がマイナスになっている取引先がないか確認しましたか。	補助簿等の残高を取引先ごとに確認しましたか。 過払いになっているものはありませんか。	取引先との後日の紛争を防止します。 資金繰りの安定に繋がります。 内部の不正等を未然に防止します。
40	支払が滞留しているものはないか確認しましたか。	自社の支払条件に基づいて支払われていますか。 滞留しているものは、その理由が明らかにされていますか。	取引先との後日の紛争を防止します。
41	支払条件の変化について確認しましたか。	支払条件の変更について取引先は同意していますか。 支払条件について書面などにより確認していますか。	取引先との後日の紛争を防止します。
42	決算期末においては、締め後の取引についても買掛金等に含めていますか。	決算期末において、締め後に発生した取引で、買掛金等計上漏れのものはありませんか。	経理水準が向上します。
43	配当の未払金については、支払が確定した日から1年が経過したものについて、適正に源泉徴収がされていますか。	支払が確定した日から1年が経過した未払の配当金はありますか。 これについて源泉徴収していますか。	適正な源泉徴収に繋がり、経理水準が向上します。
Ⅲ.貸借関係（負債・資本科目）－前受金・仮受金・預り金			
44	相手先、金額及び内容を個別に確認していますか。	利率、期間等契約条件は適正ですか。 役員、グループ法人からの仮受金について、稟議書・決裁書等によりその理由が明確にされていますか。	内部の不正等を未然に防止します。 相手先との後日の紛争を防止します。
45	未精算の残高・期間が多額・長期化しているものがないか確認していますか。	仮受金等の残高が多額であったり、期間が長期化しているものがないか確認していますか。 借入金に該当するものがありますか。	経理水準が向上します。 内部の不正等を未然に防止します。
46	納付が遅延している源泉所得税や社会保険などの預り金はありませんか。	源泉所得税や社会保険料などについては期限内に納付していますか。	経理水準が向上します。

点検項目	具体的な点検内容	解説
Ⅲ. 貸借関係（負債・資本科目）―借入金		
47 契約書の内容を確認していますか。役員、グループ法人からの借入金はその理由が明確にされていますか。	利率、期間等契約条件は適正ですか。役員、グループ法人からの借入金について、稟議書・決裁書等により借入の理由が明確にされていますか。	内部の不正等を未然に防止します。借入先との後日の紛争を防止します。
48 支払利息は適正な利率で計上していますか。	著しく高い又は低い利率で支払利息が計上されていませんか。特に役員、グループ法人への利息には注意が必要です。	経理水準が向上します。借入先との後日の紛争を防止します。
49 借入先に対して、定期的に残高確認が実施されていますか。	借入先に対して書面等で残高を通知し、確認を行っていますか。	内部の不正等を未然に防止します。借入先との後日の紛争を防止します。
Ⅳ. 損益関係―売上		
50 自社の売上計上基準に基づいて計上されていますか。	自社の売上計上基準は明確にされていますか。売上計上基準を変更した場合、その理由は適切ですか。	売上計上基準は、その妥当性や継続性が求められます。経理水準が向上します。
51 値引き、割引、割戻し等は責任者の承認の下に処理されていますか。	値引き等について担当者又は責任者の権限の範囲で適正に処理されていますか。	内部の不正等を未然に防止します。割戻しについては、稟議書、決裁書等があれば、なお良いでしょう。
52 相殺がある場合には、相殺前の金額で売上に計上していますか。	相殺された取引については、差引き計上ではなく、売上と原価で相互に計上されていますか。	自社の売上高を適切に把握できます。消費税の計算誤りを防止するなど、経理水準が向上します。
Ⅳ. 損益関係―売上原価・製造原価・工事原価		
53 自社の仕入計上基準に基づいて計上されていますか。	自社の仕入計上基準は明確にされていますか。仕入計上基準を変更した場合、その理由は適切ですか。	仕入計上基準は、その妥当性や継続性が求められます。経理水準が向上します。
54 自社の固定資産に計上すべきものについて適切に区分しましたか。	売上原価等の中に固定資産に該当するものは含まれていませんか。	経理水準が向上します。売上原価等の中に自社の固定資産があれば、その部分は固定資産に計上します。

点検項目	具体的な点検内容	解説
55 自社専属の外注先と従業員との区分が明確にされていますか。	外注先とは請負契約を結んでいますか。実質においても、従業員と区分できるような就業形態になっていますか。実質的には給与である場合、源泉徴収をしていますか。	消費税の適正申告、適正な源泉徴収に繋がり、経理水準が向上します。
56 値引き、割引、割戻し等は適切に処理されていますか。	値引き等について責任者が把握し、その処理が適正に行われていますか。	経理水準が向上します。内部の不正等を未然に防止します。
Ⅳ. 損益関係－役員報酬		
57 株主総会の決議等に基づいて、適切な時期に支給されていますか。	議事録で取締役報酬総額、監査役報酬総額の定めがありますか。また、各人ごとの取締役報酬、監査役報酬を定めていますか。	経理水準が向上します。
Ⅳ. 損益関係－給料・賞与		
58 労働者台帳（名簿）は適正に作成されていますか。	氏名、生年月日、性別、住所、業務内容、採用年月日などが記載されていますか。全ての労働者（日雇労働者を除きます）について作成されていますか。	適切な人員管理に繋がります。不測の緊急事態の際に有効に活用できます。
59 扶養控除等申告書等は期限までに提出を受け、適切に保存されていますか。	その年の最初の給与支払日の前日（中途採用の場合は、採用後最初の給与支払日の前日）までに提出を受けていますか。提出を受けていない場合、源泉所得税は乙欄を適用して徴収していますか。	適正な源泉徴収、年末調整に繋がり、経理水準が向上します。
60 出勤簿、タイムカードは適切に作成・保管されていますか。	作成されていない従業員等はいませんか。役員についても出勤実績が明らかになっていますか。	勤務時間を適切に管理できるとともに、勤務実態を明らかにすることができます。
Ⅳ. 損益関係－福利厚生費		
61 食事の支給や借上げ社宅など所得税の源泉徴収が必要となる支出について確認しましたか。	いわゆる現物給与も源泉徴収の対象としていますか。	適正な源泉徴収に繋がり、経理水準が向上します。支出の相手先の適正申告に繋がります。

	点 検 項 目	具体的な点検内容	解説
Ⅳ. 損益関係－旅費交通費			
62	実費精算又は出張旅費規程に基づき支出していますか。	渡し切りのものはありませんか。未精算になっているものは個人別に管理されていますか。	適正な源泉徴収に繋がり、経理水準が向上します。
Ⅳ. 損益関係－交際費			
63	参加人員、相手先、支出内容が明らかにされていますか。	得意先、仕入先、その他事業に関係のある者等に対する接待等の費用ですか。交際費に該当しない飲食費等は含まれていませんか。	経理水準が向上します。経費の適切な支出に繋がります。
64	精算をせず、渡し切りとなっているものがないか確認しましたか。	仮払いしたものについては、精算表等を作成していますか。精算されていないものは、個人別に管理されていますか。	経理水準が向上します。経費の適切な支出に繋がります。
Ⅳ. 損益関係－賃借料			
65	契約書により、契約者、支払内容、金額、期間を確認していますか。	物件毎に一覧表を作成し、契約書の内容（契約者、支払内容、金額、期間など）を確認していますか。	経理水準が向上します。経費の適切な支出に繋がります。
66	賃借物件の使用目的は明確にされていますか。	事務所、住宅などの使用状況を確認しましたか。	消費税の課税区分が明らかになるなど、経理水準が向上します。経費の適切な支出に繋がります。
67	敷金・権利金等について、資産性（前払費用）の有無を確認しましたか。	敷金など、返還されるものは含まれていませんか。返還されない保証金は、長期前払費用にしていますか。前払家賃等は含まれていませんか。	経理水準が向上します。経費の適切な支出に繋がります。

点検項目	具体的な点検内容	解説
Ⅳ. 損益関係－保険料		
68 支払保険料について、資産性（保険積立金）の有無を確認しましたか。	契約書などにより、保険積立金として資産計上すべき支払金額はありませんか。被保険者、契約者など保険契約の内容を契約書等で確認していますか。	経理水準が向上します。
69 決算期末における保険積立金の残高等を確認していますか。	保険会社からの割戻金通知書や配当積立金通知書等を確認しましたか。	保険会社からの配当金を適切に計上することで、経理水準が向上します。
Ⅳ. 損益関係－経費全般		
70 支出の相手方が不明なものについては、その内容を確認しましたか。	領収書等によって支出の相手方が確認できない場合には、担当者などに内容を確認し、記録に留めていますか。	内部の不正等を未然に防止します。経費の適切な支出に繋がります。
71 領収書の宛名は法人名（自社）となっていますか。	宛名が自社名以外（個人名・得意先・空白・上様など）になっている領収書はありませんか。	内部の不正等を未然に防止します。経費の適切な支出に繋がります。
72 特に飲食等を伴う支出については、①個人的に負担すべきもの、②交際費に該当するものがないか確認しましたか。	相手先、支払内容、参加人員を確認しましたか。個人的に負担すべき費用は含まれていませんか。	内部の不正等を未然に防止します。経費の適切な支出に繋がります。
73 固定資産の付随費用及び修繕費については、その内容の分かる資料は保存されていますか。	固定資産の修理・改良等のための支出や取得の際の付随費用の有無を確認できるようになっていますか。	適切な資産計上を行うことにより、経理水準が向上します。
74 前払費用となるものについて適切に区分しましたか。	1年以内に費用化されるものと長期に及ぶものを区分していますか。	経理水準が向上します。
75 支出の効果が一年以上に及ぶものがないか確認しましたか。	経費のうち、支出の効果が一年以上に及ぶもの（研究開発に要した費用、建物賃借に係る権利金など）がないか確認しましたか。	経理水準が向上します。

点検項目	具体的な点検内容	解説
Ⅳ. 損益関係－雑収入・雑損失		
76 スクラップ、副産物等を売却した内容の分かる書類は保存されていますか。	売却日や売却金額は明らかにされていますか。 収入に計上せず、そのまま従業員の福利厚生等に使用させていませんか。 決算期末において、貯蔵品として計上すべきスクラップ等はありませんか。	経理水準が向上します。 従業員の福利厚生等として使用する場合は、収入に計上してから使用するとよいでしょう。
77 固定資産を売却又は廃棄処分した内容の分かる書類は保存されていますか。	売却または廃棄した物や日付などが分かる書類を保存していますか。 固定資産台帳に適切に記載しましたか。	経理水準が向上します。 下取費用の有無を確認しておくとなおよいでしょう。
78 期末に保有している外貨建の債権債務については、残高証明など内容の分かる書類は保存されていますか。	外国通貨で支払いが行われる債権債務について、その内容の分かる書類は保存されていますか。	為替差損（益）が発生する場合があります。
Ⅴ. その他（消費税・印紙税）		
79 課税売上げ、非課税売上げ、不課税取引、免税売上げの区分は明らかにされていますか。	定期的に課税区分を確認していますか。 非課税売上と不課税売上の区分があいまいではありませんか。	消費税に関する経理水準が向上します。
80 課税仕入れ、非課税仕入れ、不課税取引に区分されていますか。	定期的に課税区分を確認していますか。	消費税に関する経理水準が向上します。
81 固定資産を売却している場合には、売却価額のわかる書類が保存されていますか。	帳簿価額との差額で計上せず、売却価額の総額で会計処理していますか。	課税売上高が適切に計算され、消費税に関する経理水準が向上します。
82 契約書には、印紙が適正に貼付等されていますか。	契約書の作成時に印紙を貼付していますか。 課税文書に該当するか「印紙税の手引き」等で確認していますか。	適正な印紙税の納付に繋がります。
83 自社で発行する領収書・レシートには、適切に印紙を貼付等していますか。	5万円[※]以上の領収書等には印紙を貼付していますか。 ※　平成26年4月1日以降作成のもの 　　（平成26年3月以前は3万円）	適正な印紙税の納付に繋がります。

自主点検チェックシート
【入門編】

事業年度 （第　期）	自	年	月	日
	至	年	月	日

公益財団法人 全国法人会総連合

監修：日本税理士会連合会

後援：国　　税　　庁

自主点検について

《目的》

　企業を成長させるためには、内部統制及び経理能力の水準を向上させることが重要な要素と考えられます。
　経営者が『自主点検チェックシート』を有効に活用することを通じて、内部統制及び経理能力の水準を向上させ、自社の成長を目指し、ひいては税務リスクの軽減にもつながることを期待しています。

《自主点検の流れ》

点検担当者（経理責任者等）は、【点検項目チェック表】の「点検項目」について、点検してください。
　※　点検内容を詳しく知りたいときは、別冊『自主点検ガイドブック』を参照してください。
　※　自社の成長につなげるために、点検は税理士等ではなく、自社で行いましょう。

点検した結果を、「点検欄」に「〇」、「×」で記入してください。
自社に該当のない項目や税理士等が確認している項目は「－」を記入してください。
　※　一部できていないという場合には、自社の成長につなげるため、「×」をつけましょう。
　※　点検回数は、自社の実情に応じて決め、継続して取り組みましょう。

「×」の項目について、その内容等を【点検結果記入表】に記入してください。

（点検結果を代表者に報告）

代表者は、【点検結果記入表】の点検結果から改善方針を策定し、今後の改善につなげていきます。

○ 点検項目チェック表・入門編

大分類	小分類(科目等)		点　検　項　目	点検欄			
				／	／	／	／
Ⅰ 社内体制	文書管理	1	自社で使用する領収書等は定型化され、担当者の責任の下に保管されていますか。				
		2	重要な書類等（現金、通帳、権利証等）は金庫に保管・施錠し、鍵は適切に保管されていますか。				
		3	通帳、小切手帳、手形帳等と印鑑は別の場所に保管されていますか。				
		4	注文書、納品書、請求書などの書類は一定の基準の下に整理し、保存されていますか。				
		5	株主総会、取締役会等の議事録は適切に作成し、保存されていますか。				
		6	税務署などに提出している申告書・届出書等の控えは適切に保存されていますか。				
Ⅱ（資産科目）貸借関係	現預金 小切手	7	手許現金と帳簿の残高は一致していますか。				
		8	現金、小切手による高額又は予定外（緊急）の支払いは、その理由が明らかにされていますか。				
		9	預金（通帳）と帳簿の残高は一致していますか。				
	売掛金 未収金	10	補助簿（売掛一覧表）と得意先に対する請求残高は一致していますか。				
		11	回収が遅延しているものについては、その理由が明らかにされていますか。				
		12	決算期末においては、締め後の取引についても、売掛金等に含めていますか。				

大分類	小分類(科目等)		点検項目	点検欄			
				/	/	/	/
Ⅱ(貸借関係科目)(資産)	棚卸資産	13	実地棚卸は定期的に行われていますか。				
		14	棚卸表の原始記録は廃棄されずに保存されていますか。				
	貯蔵品	15	商品券・印紙・切手等は、受払簿等を作成し、その管理が適正に行われていますか。				
	仮払金前渡金前払費用立替金	16	相手先、金額及び内容を個別に確認していますか。				
	貸付金	17	契約書の内容を確認していますか。役員、グループ法人への貸付金はその理由が明確にされていますか。				
		18	回収が遅延しているものについては、その理由が明らかにされていますか。				
		19	貸付先に対して、定期的に残高確認が実施されていますか。				
Ⅲ(貸借関係科目)(負債・資本)	買掛金未払金未払費用	20	補助簿(買掛一覧表、仕入先元帳)と請求書の金額は一致していますか。				
		21	支払が滞留しているものはないか確認しましたか。				
		22	決算期末においては、締め後の取引についても買掛金等に含めていますか。				
	前受金仮受金預り金	23	相手先、金額及び内容を個別に確認していますか。				
	借入金	24	契約書の内容を確認していますか。役員、グループ法人からの借入金はその理由が明確にされていますか。				
		25	借入先に対して、定期的に残高確認が実施されていますか。				

大分類	小分類 (科目等)		点　検　項　目	点　検　欄			
				/	/	/	/
Ⅳ 損益関係	売上	26	自社の売上計上基準に基づいて計上されていますか。				
		27	値引き、割引、割戻し等は責任者の承認の下に処理されていますか。				
	売上原価 製造原価 工事原価	28	自社の仕入計上基準に基づいて計上されていますか。				
		29	値引き、割引、割戻し等は適切に処理されていますか。				
	役員報酬	30	株主総会の決議等に基づいて、適切な時期に支給されていますか。				
	給料 賞与	31	扶養控除等申告書等は期限までに提出を受け、適切に保存されていますか。				
		32	出勤簿、タイムカードは適切に作成・保管されていますか。				
	旅費交通費	33	実費精算又は出張旅費規程に基づき支出していますか。				
	交際費	34	参加人員、相手先、支出内容が明らかにされていますか。				
	賃借料	35	契約書により、契約者、支払内容、金額、期間を確認していますか。				
	経費全般	36	支出の相手方が不明なものについては、その内容を確認しましたか。				
		37	特に飲食等を伴う支出については、①個人的に負担すべきもの、②交際費に該当するものがないか確認しましたか。				
	雑収入 雑損失	38	スクラップ、副産物等を売却した内容の分かる書類は保存されていますか。				
		39	固定資産を売却又は廃棄処分した内容の分かる書類は保存されていますか。				

大分類	小分類 (科目等)		点　検　項　目	点 検 欄			
				/	/	/	/
Ⅴ その他	印紙税	40	契約書には、印紙が適正に貼付等されていますか。				

〇選択チェック項目（※該当取引がある場合のみ）

大分類	小分類 (科目等)		点　検　項　目	点 検 欄			
				/	/	/	/
小切手・手形関係	文書管理	41	小切手帳、手形帳の控えは必要事項（支払先など）が記入され、保管されていますか。				
		42	書損じた小切手、手形は社印を抹消した上で、控えに添付されていますか。				
	受取手形	43	受取手形の現物と補助簿（受取手形記入帳）は定期的に照合されていますか。				
	支払手形	44	支払手形記入帳と手形発行控とを定期的に照合していますか。				
損益関係	福利厚生費	45	食事の支給や借上げ社宅など所得税の源泉徴収が必要となる支出について確認しましたか。				

〇任意チェック項目（※必要に応じて会社独自で設定する点検項目）

大分類	小分類 (科目等)	点　検　項　目	点 検 欄			
			/	/	/	/

○ 点検結果記入表
（　　月　　日点検分）

点検担当者：

項目番号	点検担当者記入欄	代表者記入欄
	点検結果	改善方針

○ 点検結果記入表
（　　月　　日点検分）　　　点検担当者：

項目番号	点検担当者記入欄	代表者記入欄
	点検結果	改善方針

自主点検チェックシート【入門編】

○ 点検結果記入表
（　　月　　日点検分）

点検担当者：

項目番号	点検担当者記入欄	代表者記入欄
	点検結果	改善方針

○ 点検結果記入表
（　　月　　日点検分）

点検担当者：

項目番号	点検担当者記入欄	代表者記入欄
	点検結果	改善方針

自主点検ガイドブック
【入門編】

公益財団法人 全国法人会総連合

監修：日本税理士会連合会

後援：国　　税　　庁

自主点検チェックシートの記入方法

「点検項目」に基づいて自主点検し、その結果を「点検欄」に記入してください。

○ 点検項目チェック表   I 社内体制

科目等		点　検　項　目	点　検　欄			
			4／1	／	／	／
文書管理	1	自社で使用する領収書等は定型化され、担当者の責任の下に保管されていますか。	○			
	2	重要な書類等（現金、通帳、権利証等）は金庫に保管・施錠し、鍵は適切に保管されていますか。	×			

点検結果が「×」の場合には、その内容を【点検結果記入表】に記入してください。

○ 点検結果記入表（　4月　1日点検分）　　点検担当者：○○　○○

	点検担当者記入欄	代表者記入欄
項目番号	点検結果	改善方針
2	金庫に保管しているが、施錠していなかった。	

代表者は、改善方針を策定し、これを点検担当者に指示してください。

○ 点検結果記入表（　4月　1日点検分）　　点検担当者：○○　○○

	点検担当者記入欄	代表者記入欄
項目番号	点検結果	改善方針
2	金庫に保管しているが、施錠していなかった。	確実に施錠し、鍵は○○が管理すること

自主点検ガイドブック【入門編】

○点検項目チェック表（ガイドブック）

	点　検　項　目	具体的な点検内容	解説
	**Ⅰ．社内体制－文書管理**		
1	自社で使用する領収書等は定型化され、担当者の責任の下に保管されていますか。	会社名は印刷されていますか。 自由に持ち出しされる可能性はありませんか。	会社名を騙られることを防止します。 内部の不正等を未然に防止します。 一連番号が付されていれば、なお良いでしょう。
2	重要な書類等（現金、通帳、権利証等）は金庫に保管・施錠し、鍵は適切に保管されていますか。	施錠されないところに保管されていませんか。 未使用の小切手帳や手形帳も管理していますか。 誰でも開けられるようになっていませんか。	盗難被害を小さくします。 内部の不正等を未然に防止します。 鍵の管理を徹底すると、責任の所在が明確になります。
3	通帳、小切手帳、手形帳等と印鑑は別の場所に保管されていますか。	勝手に出金等ができないようになっていますか。	盗難被害を小さくします。 内部の不正等を未然に防止します。 出金等の決裁体制があれば、なお良いでしょう。
4	注文書、納品書、請求書などの書類は一定の基準の下に整理し、保存されていますか。	後日、確認しやすいよう整理されていますか。	経理水準が向上します。 経理の事務効率が向上します。
5	株主総会、取締役会等の議事録は適切に作成し、保存されていますか。	議事録を作成していないものはありませんか。	的確な会社運営に繋がります。 経理水準が向上します。
6	税務署などに提出している申告書・届出書等の控えは適切に保存されていますか。	会社控えを確実に保存していますか。 関与税理士に任せきりにしていませんか。	経理水準が向上します。
	**Ⅱ．貸借関係（資産科目）－現預金・小切手**		
7	手許現金と帳簿の残高は一致していますか。	出納帳への記載漏れはありませんか。	内部の不正等を未然に防止します。 不明な入出金の解明に繋がります。 個人と法人の区分が明らかになります。
8	現金、小切手による高額又は予定外（緊急）の支払いは、その理由が明らかにされていますか。	振込や手形で支払うべき取引が明確な理由もなく、現金、小切手で支払われていることはありませんか。	内部の不正等を未然に防止します。 支払方法の基準が定められていれば、なお良いでしょう。

点検項目	具体的な点検内容	解説
Ⅱ.貸借関係（資産科目）－現預金・小切手		
9 預金（通帳）と帳簿の残高は一致していますか。	帳簿への記載漏れはありませんか。	内部の不正等を未然に防止します。 不明な入出金の解明に繋がります。
Ⅱ.貸借関係（資産科目）－売掛金・未収金		
10 補助簿（売掛一覧表）と得意先に対する請求残高は一致していますか。	補助簿（売掛一覧表）への記載漏れはありませんか。 請求書の作成漏れはありませんか。	回収予定の資金が把握され、資金繰りの安定に繋がります。 回収漏れを未然に防止します。
11 回収が遅延しているものについては、その理由が明らかにされていますか。	遅延した理由を取引先に確認していますか。 取引先の経営状況等を把握し、回収が可能であるか検討していますか。	適切な入金管理に繋がります。 内部の不正等を未然に防止します。
12 決算期末においては、締め後の取引についても、売掛金等に含めていますか。	決算期末において、引渡しや役務提供をしているものは、売掛金等に含めていますか。	経理水準が向上します。
Ⅱ.貸借関係（資産科目）－棚卸資産		
13 実地棚卸は定期的に行われていますか。	帳簿棚卸との開差が生じていませんか。 あるべき在庫がなくなっていませんか。	適切な在庫管理に繋がります。 内部の不正等を未然に防止します。
14 棚卸表の原始記録は廃棄されずに保存されていますか。	実地棚卸をした際の原始記録は棚卸表とともに保存していますか。	実地棚卸の過程が明らかになり、適切な在庫管理に繋がります。
Ⅱ.貸借関係（資産科目）－貯蔵品		
15 商品券・印紙・切手等は、受払簿等を作成し、その管理が適正に行われていますか。	受払簿等により、誰が、何時、何の目的で使用したか明らかにされていますか。 残数量についても明らかにされ、決算期末においては、貯蔵品として計上していますか。	内部の不正等を未然に防止します。 適切な在庫管理に繋がります。

点検項目	具体的な点検内容	解説
Ⅱ.貸借関係（資産科目）－仮払金・前渡金・前払費用・立替金		
16 相手先、金額及び内容を個別に確認していますか。	内容等の不明な支出はありませんか。内容等から他の科目とすべきものはありませんか。	経理水準が向上します。
Ⅱ.貸借関係（資産科目）－貸付金		
17 契約書の内容を確認していますか。役員、グループ法人への貸付金はその理由が明確にされていますか。	利率、期間等契約条件は適正ですか。役員、グループ法人への貸付金について、稟議書・決裁書等により、その理由が明確にされていますか。	内部の不正等を未然に防止します。貸付先との後日の紛争を防止します。
18 回収が遅延しているものについては、その理由が明らかにされていますか。	回収が遅延している貸付金について貸付先に督促し、その理由を確認していますか。	不良債権化、貸倒れ防止に役立ちます。滞留の理由を記録することにより債権回収に役立ちます。
19 貸付先に対して、定期的に残高確認が実施されていますか。	書面等により貸付先と相互に残高確認を行っていますか。	内部の不正等を未然に防止します。貸付先との後日の紛争を防止します。
Ⅲ.貸借関係（負債・資本科目）－買掛金・未払金・未払費用		
20 補助簿（買掛一覧表、仕入先元帳）と請求書の金額は一致していますか。	仕入先からの請求の内容と補助簿（買掛一覧表、仕入先元帳）を照合していますか。	経理水準が向上します。仕入先との後日の紛争を防止します。資金繰りの安定に繋がります。
21 支払が滞留しているものはないか確認しましたか。	自社の支払条件に基づいて支払われていますか。滞留しているものは、その理由が明らかにされていますか。	取引先との後日の紛争を防止します。
22 決算期末においては、締め後の取引についても買掛金等に含めていますか。	決算期末において、締め後に発生した取引で、買掛金等計上漏れのものはありませんか。	経理水準が向上します。
Ⅲ.貸借関係（負債・資本科目）－前受金・仮受金・預り金		
23 相手先、金額及び内容を個別に確認していますか。	利率、期間等契約条件は適正ですか。役員、グループ法人からの仮受金について、稟議書・決裁書等によりその理由が明確にされていますか。	内部の不正等を未然に防止します。相手先との後日の紛争を防止します。

点 検 項 目	具体的な点検内容	解説
Ⅲ. 貸借関係（負債・資本科目）－借入金		
24 契約書の内容を確認していますか。役員、グループ法人からの借入金はその理由が明確にされていますか。	利率、期間等契約条件は適正ですか。役員、グループ法人からの借入金について、稟議書・決裁書等により借入の理由が明確にされていますか。	内部の不正等を未然に防止します。借入先との後日の紛争を防止します。
25 借入先に対して、定期的に残高確認が実施されていますか。	借入先に対して書面等で残高を通知し、確認を行っていますか。	内部の不正等を未然に防止します。借入先との後日の紛争を防止します。
Ⅳ. 損益関係－売上		
26 自社の売上計上基準に基づいて計上されていますか。	自社の売上計上基準は明確にされていますか。売上計上基準を変更した場合、その理由は適切ですか。	売上計上基準は、その妥当性や継続性が求められます。経理水準が向上します。
27 値引き、割引、割戻し等は責任者の承認の下に処理されていますか。	値引き等について担当者又は責任者の権限の範囲で適正に処理されていますか。	内部の不正等を未然に防止します。割戻しについては、稟議書、決裁書等があれば、なお良いでしょう。
Ⅳ. 損益関係－売上原価・製造原価・工事原価		
28 自社の仕入計上基準に基づいて計上されていますか。	自社の仕入計上基準は明確にされていますか。仕入計上基準を変更した場合、その理由は適切ですか。	仕入計上基準は、その妥当性や継続性が求められます。経理水準が向上します。
29 値引き、割引、割戻し等は適切に処理されていますか。	値引き等について責任者が把握し、その処理が適正に行われていますか。	経理水準が向上します。内部の不正等を未然に防止します。
Ⅳ. 損益関係－役員報酬		
30 株主総会の決議等に基づいて、適切な時期に支給されていますか。	議事録で取締役報酬総額、監査役報酬総額の定めがありますか。また、各人ごとの取締役報酬、監査役報酬を定めていますか。	経理水準が向上します。

点検項目	具体的な点検内容	解説
Ⅳ. 損益関係－給料・賞与		
31 扶養控除等申告書等は期限までに提出を受け、適切に保存されていますか。	その年の最初の給与支払日の前日（中途採用の場合は、採用後最初の給与支払日の前日）までに提出を受けていますか。提出を受けていない場合、源泉所得税は乙欄を適用して徴収していますか。	適正な源泉徴収、年末調整に繋がり、経理水準が向上します。
32 出勤簿、タイムカードは適切に作成・保管されていますか。	作成されていない従業員等はいませんか。役員についても出勤実績が明らかになっていますか。	勤務時間を適切に管理できるとともに、勤務実態を明らかにすることができます。
Ⅳ. 損益関係－旅費交通費		
33 実費精算又は出張旅費規程に基づき支出していますか。	渡し切りのものはありませんか。未精算になっているものは個人別に管理されていますか。	適正な源泉徴収に繋がり、経理水準が向上します。
Ⅳ. 損益関係－交際費		
34 参加人員、相手先、支出内容が明らかにされていますか。	得意先、仕入先、その他事業に関係のある者等に対する接待等の費用ですか。交際費に該当しない飲食費等が含まれていませんか。	経理水準が向上します。経費の適切な支出に繋がります。
Ⅳ. 損益関係－賃借料		
35 契約書により、契約者、支払内容、金額、期間を確認していますか。	物件毎に一覧表を作成し、契約書の内容（契約者、支払内容、金額、期間など）を確認していますか。	経理水準が向上します。経費の適切な支出に繋がります。
Ⅳ. 損益関係－経費全般		
36 支出の相手方が不明なものについては、その内容を確認しましたか。	領収書等によって支出の相手方が確認できない場合には、担当者などに内容を確認し、記録に留めていますか。	内部の不正等を未然に防止します。経費の適切な支出に繋がります。
37 特に飲食等を伴う支出については、①個人的に負担すべきもの、②交際費に該当するものがないか確認しましたか。	相手先、支払内容、参加人員を確認しましたか。個人的に負担すべき費用は含まれていませんか。	内部の不正等を未然に防止します。経費の適切な支出に繋がります。

	点検項目	具体的な点検内容	解説
Ⅳ. 損益関係－雑収入・雑損失			
38	スクラップ、副産物等を売却した内容の分かる書類は保存されていますか。	売却日や売却金額は明らかにされていますか。 収入に計上せず、そのまま従業員の福利厚生等に使用させていませんか。 決算期末において、貯蔵品として計上すべきスクラップ等はありませんか。	経理水準が向上します。 従業員の福利厚生等として使用する場合は、収入に計上してから使用するとよいでしょう。
39	固定資産を売却又は廃棄処分した内容の分かる書類は保存されていますか。	売却または廃棄した物や日付などが分かる書類を保存していますか。 固定資産台帳に適切に記載しましたか。	経理水準が向上します。 下取り費用の有無を確認しておくとなおよいでしょう。
Ⅴ. その他（印紙税）			
40	契約書には、印紙が適正に貼付等されていますか。	契約書の作成時に印紙を貼付していますか。 課税文書に該当するか「印紙税の手引き」等で確認していますか。	適正な印紙税の納付に繋がります。

○ 選択チェック項目（※該当取引がある場合のみ）

点 検 項 目	具体的な点検内容	解説
Ⅰ. 社内体制－文書管理		
41　小切手帳、手形帳の控えは必要事項（支払先など）が記入され、保管されていますか。	白紙になっていませんか。 破棄されていませんか。 控えの枚数は合っていますか。	支払先・金額等を明確にします。 内部の不正等を未然に防止します。 摘要も記入されていれば、なお良いでしょう。
42　書損じた小切手、手形は社印を抹消した上で、控えに添付されていますか。	破棄していませんか。 今後、使用できないように処置されていますか。	内部の不正等を未然に防止します。 書損じの理由が明確にされていれば、なお良いでしょう。
Ⅱ. 貸借関係（資産科目）－受取手形		
43　受取手形の現物と補助簿（受取手形記入帳）は定期的に照合されていますか。	受取手形の現物は補助簿（受取手形記入表）の記載内容と一致していますか。 補助簿への記載漏れはありませんか。	内部の不正等を未然に防止します。 資金繰りの安定に繋がります。
Ⅲ. 貸借関係（負債・資本科目）－支払手形		
44　支払手形記入帳と手形発行控とを定期的に照合していますか。	手形発行控（支払手形の控え（耳））と補助簿（支払手形記入帳）の相手先、金額は一致していますか。	経理水準が向上します。 相手先との後日の紛争を防止します。 資金繰りの安定に繋がります。
Ⅳ. 損益関係－福利厚生費		
45　食事の支給や借上げ社宅など所得税の源泉徴収が必要となる支出について確認しましたか。	いわゆる現物給与も源泉徴収の対象としていますか。	適正な源泉徴収に繋がり、経理水準が向上します。 支出の相手先の適正申告に繋がります。

○ 任意チェック項目（※必要に応じて会社独自で設定する点検項目）

Ⅴ. 任意設定項目
企業の業種・業態等に応じて点検項目を自由に設定します。 例）サービス業・・・顧客情報等個人情報を会社規約に基づき適切な管理がされていますか？ 　　飲食業　　・・・売上金（レジ金）はまとめて入金することなく、毎日入金されていますか？ 　　　　　　　・・・レジ内の現金については、一定金額以上になると入金する体制となっていますか？

第4章

週刊「税務通信」
企画鼎談
「企業の税務コンプライアンスの向上のための取組み」について

平成26年3月3日収録
週刊「税務通信」No3305、3306 掲載

全国法人会総連合では、中小法人の税務コンプライアンスの向上に向けた新たな取組みを開始することを検討している。これは、企業の内部統制及び会計経理面の質的向上に向けた、個々の企業における自主的な点検を促すというもので、点検ツールとして、「自主点検チェックシート」を作成した。このチェックシートは、全法連が日本税理士会連合会や国税庁と協議を重ねて作成したもので、企業がこれを有効活用することで、自社の成長若しくは税務リスクの軽減にも繋がることを期待しているという。
　そこで、平成26年3月3日に、この取組みに携わった三者に中小法人の経理体制や税務コンプライアンスの現状、「自主点検チェックシート」の活用方法などについて話を伺った（文責：編集部）。

　　全国法人会総連合専務理事　　　　横山　恒美　氏
　　国税庁課税部法人課税課長　　　　住倉　毅宏　氏
　　日本税理士会連合会調査研究部部長　上西　左大信　氏（司会）

編集部　今日は大変お忙しい中、全法連の横山専務理事、国税庁法人課税課の住倉課長、それから日税連の上西調査研究部長、三人に揃っていただきまして、全法連作成、日税連監修の「自主点検チェックシート」を活用した「企業の税務コンプライアンス向上のための取組み」についてお話を伺いたいと思っております。
　司会は上西先生にお願いしました。それでは、よろしくお願いいたします。

法人会の概要

上西　本日はよろしくお願いいたします。まず、中小法人の税務コンプライアンス向上への取組みとして自主点検チェックシートを作成した「法人会」の概要について、横山様からお聞かせいただきたいと思います。よろしくお願いします。

横山　我々法人会は、適正・公平な課税の実現、あるいは申告納税制度の維持・発展ということを目的として活動している団体です。平成25年12月末現在で、会員数で84万社余りを有しております。全国組織でありますが、

大阪国税局管内は納税協会がございますので、大阪局管内を除き現在41県連、442の単位会でもって構成しており、税に関する事業を中心に活動を行っているところです。
　それから、昨年（注：平成25年）の11月末をもって、新公益法人制度への移行申請が終了しましたが、我々は、これまでの活動実績を踏まえまして、全法連、法人会の単位会の9割近くが公益認定されました。基本的には今後も公益目的事業を中心に活動していきたいと考えております。
　そして、公益目的事業の活動の一環といたしまして、このたび、中小法人の税務コンプライアンスの向上に向けて、全国的に新たな取組みを開始することを検討しております（以下、本取組）。本取組は企業の内部統制や、会計経理面の質的向上に向けた、個々の企業における自主的な点検を促すというものです。そのツールとして、自主的に点検をしていただくための「自主点検チェックシート」と、それを解説する「自主点検ガイドブック」を作成し、これを法人会の会員企業のみならず、広く一般に向けても配布するということを考えている次第です。

法人会の活動

　上西 ありがとうございます。では、法人会はこれまでどのような活動をされてきたのか、引き続きご説明をお願いいたします。
　横山 法人会の業務的な活動内容ですが、一つ目は税知識の普及と納税意識の高揚、二つ目として税制及び税務に関する調査研究や提言、三つ目に単位会を中心にその地域企業の健全な発展や地域社会への貢献等を主な事業としております。
　そのなかでも、税に関する事業は活動の原点でもあり、法人会の基幹事業として実施してきております。具体的には、新設法人に対する説明会、決算法人説明会、改正税法の説明会、それから源泉税にかかる研修会といった各種研修会を開催している他、今は小学生を対象とした租税教室の開催というものも積極的に行っております。また、女性部会を中心に、税に関する「絵

はがきコンクール」というものも実施しており、絵はがきコンクールは国税庁のご後援もいただいております。それから、税を考える週間での広報活動など、幅広く事業を展開してきており、最近ではe-Taxの普及についても力を注いでいます。

上西 法人会との連携・協調体制について、国税庁の立場から住倉課長にコメントをいただきたいと思います。よろしくお願いします。

住倉 国税庁といたしましては、法人会は発足以来、一貫して「健全な納税者の団体」として、税知識の普及や納税意識の高揚を図るための啓発活動に熱心に取り組んでいただいていると思っております。また、租税教育活動や地域に密着した社会貢献活動にも力を入れられているほか、ご紹介のありましたe-Taxの周知や利用促進につきましても積極的にご協力いただいています。国税庁としましては、横山専務理事からもご紹介がありましたように、各種研修会への協力や「絵はがきコンクール」事業に対する後援等をしているところであり、今後ともこうした法人会の活動を後援、または支援していくとともに、連携・協調を図っていきたいと考えております。

中小法人の税務コンプライアンスの現状

上西 それでは、本題に入らせていただきます。まず、中小法人の税務コンプライアンスの現状について、どのようにお考えでしょうか。

横山 これまで法人会は、国税当局や税理士会の皆さんのご協力を得ながら、様々な税に関する研修事業に取り組んでまいりました。現状ですが、法人の青色申告割合は85％[1]を超えています。それから法人税の申告に関しては、税理士の関与割合が9割近くと言われています。かつての戦後間もない頃の、税知識のなかった時代からは大きく様変わりしました。

ただ、国税庁発表の平成24事務年度の法人税に関する調査事績によりますと、調査対象法人のうち、7割強に申告漏れが把握され、約18％の法人には不正計算が把握されているという発表がございます[2]。これはもちろん国税当局が調査対象選定の際に課税上問題があると見込まれるものを重点的

に調査した結果であり、必ずしも全体的な申告水準を表すものではないと理解しております。とは言いましても、法人会としては、適正申告に向けた取組みを一層充実させる必要があるということを感じさせる数字となっております。

上西 日頃、経営者や会社の経理担当者と接している税理士の立場から申し上げますと、中小法人の経理体制の現状は非常にまちまちな状況となっております。

これは、内部統制や経理水準を向上させる共通のツールがいままでなかったため、個々の中小法人の独自の努力や、税理士の独自の指導に頼っていたというのが実態であったと思います。

例えば、税理士としても、会社の設立時は、伝票の書き方や帳簿書類の保存の仕方など指導しますが、その後のフォローを企業の成長に応じて行っているのかというと、時として対応していなかったこともあるのではないかなと。また、ある程度の水準の経理が行われてきた企業を新規に関与したときには、会社の経理の流れを一から確認、指導、改善提言を十分にしていたのかというと、これは私だけの例かもしれませんが、必ずしもできていなかったのではないかなと思います。

取組の検討

上西 次に、納税者の税務コンプライアンスを確保するためにどのような取組みを行っておられるのか、お聞かせください。まずは国税庁の取組みについて。

住倉 近年の流れとしまして、税務行政を取り巻く環境が大きく変化していると感じているところです。

例えば、企業の経営活動のグローバル化に伴い、国境を超える取引が増えているということ、それから、電子商取引の急速な拡大による取引の実態把握の困難化など、税務行政にとって厳しい環境の変化があります。

その一方で、ICT化の進展や社会保障・税番号制度、それから国際租税回

避に対抗するための国際的な協調体制の進展など、限られたマンパワーで効果的・効率的な税務行政を展開していく上で、支えとなる変化もあります。

このような状況のもと、納税者の税務コンプライアンスというものの維持・向上を図っていくためには、課税逃れが生じやすい分野での取組みを強化しながら、税務行政の効率化をさらに追求していく必要があります。

大企業に関しては、既に「大企業の税務に関するコーポレートガバナンスの充実に向けた取組」というものを行っているところです。これは、大企業、なかでも特官所掌法人に対する実地調査の際に、税務に関するコーポレートガバナンスの状況を確認し、調査終了時に経営責任者等と意見交換などを行って、税務に関するコーポレートガバナンスの状況が良好で調査必要度が低いと認められる法人につきましては、一定の条件の下になりますが、次回調査までの調査間隔を従来よりも1年延長するというものです。

国税庁としましてはこうした取組みだけでなく、諸外国の取組みを参考といたしまして、引き続き実地調査を適切に実施しながらも、実地調査以外のコンプライアンス確保のための手法というものも積極的に取り入れた、税務行政を展開していきたいと考えておりました。

そこで、今回、実地調査以外の手法の一例といたしまして、関係民間団体である法人会に、中小法人の税務コンプライアンスに関する取組みというものを実施できないかということをご提案させていただいたという次第でございます。

横山 法人会におきましては、日頃から中小法人の税務コンプライアンスの向上について、会社自らが積極的に取り組むことは極めて重要なことと考えているところです。そこに、国税庁からのご提案が昨年（注：平成25年）の春ぐらいにあり、日税連とも連携、特に上西部長にご協力いただき、中小法人における適正申告のための内部統制面の強化や、会計経理面での質的向上についての検討を1年以上に渡って進めてきました。

部内的な手続きとして、公益事業委員会の了解を得て、概要について昨年（注：平成25年）9月の理事会にこのコンプライアンス向上施策について説

明をしております。最終的には 3 月 18 日の理事会にお諮りし、御承認をいただければ、法人会全体として本取組を積極的に進めていくことになると考えております。

上西 本取組について、日税連内部で内容の確認・承認等が行われる過程でも、中小法人の内部統制と経理水準を向上させること、そして、中小法人が成長することがわが国の経済のためにもなるというのが第一であるという考え方を主張し、了解を得ました。結果として、二次的に申告水準の向上にもつながるという話もいたしました。

自主点検チェックシートの作成

上西 本取組は、具体的に「自主点検チェックシート」という形で表現されているわけですが、この作成過程でどのようなことが課題とされたのでしょうか。その内容についてお聞かせいただきたいと思います。

横山 検討に当たっては、"対象企業をどの程度の規模にするのか"、"点検項目の中身"、"それから実施スケジュール"と、"本取組の推進体制"が主な検討事項となりました。

最初の対象企業の規模等ですが、内部統制の強化については大企業の場合は金融商品取引法に基づく内部統制の整備が求められており、社員教育の充実や、関連する諸規定の整備、あるいは内部チェックを行う専門スタッフの配置など、様々な縦横、重層的な対応を行っているところが多いかと思います。しかしながら、このような大企業と、人材面や人員面での制約が厳しい中小法人とでは、やはりその内部統制の方法とか、求めるチェック体制のレベルも異なるものにならざるを得ないのではないかと思われます。

実際、中小企業庁が発表しております、平成 22 年度版の中小企業の会計に関する実態調査によると、経理部門に 1 名しか配置されていないところが 60 ％強[3]という調査がございました。また、そのような会社の経理担当者は、従業員の場合のほか、経営者の家族ということもあるかと思いますし、経理担当者の経理能力も簿記 3 級レベルは有しているであろうと見込まれます。

そこで、本取組の対象とする企業を、経理担当者が1名しか従事していないような企業を念頭に考えることといたしました。

　次に、点検項目の中身ですが、内部統制を行うのは、通常の業務目的の場合や、財務報告作成目的、コンプライアンス目的、資産保全目的といったように、様々な目的があろうかと思います。しかし、本取組は税務コンプライアンスの維持・向上を主眼としておりますので、これに関連する項目を点検項目とするように考えました。税務コンプライアンスと言っても、税法の解釈、取扱い等に関する項目については、関与税理士がおりますので、基本的には点検項目の対象から外すこととしております。

　また、「自主点検チェックシート」の点検項目について、単にチェックするだけではなくて、チェックによって不備があった場合に経営者がこれを改善していくことが重要であると捉えています。そこで、経理担当者等が自主点検したうえで、不備な点を経営者に報告していただき、経営者がその点検結果を確認して、改善する手法をとることといたしました。また、企業がより簡単に実施できるように取りまとめており、それぞれの項目が何を意味しているのか、どのような効果があるのかということが理解できる「自主点検ガイドブック」を作成して、参考にしていただくということにいたしました。

　自主点検チェックシートの作成にあたり、やはり我々だけは十分ではないと考え、税務の専門家であります日税連に監修していただきました。監修していただいて思ったのが、やはり実務に精通されておりますので、非常に有益なご示唆をいただいたと考えております。

　それから、実施時期については、まず試行的に首都圏の4法人会、東京の四谷、神奈川の川崎北、千葉の茂原、山梨の甲府におきまして、本年1月から試行を実施しております。今のところこの試行の評判は良く、理事会の承認が得られた場合、4月から全国的な展開を図っていくことになります。

　試行会の場合、本取組の周知については法人会主催の研修会で行っております。我々が主催する研修会には基本的には会員企業以外の企業も参加できます。そこでは、我々の取組みの趣旨や自主点検の方法につきまして説明す

るとともに、自主点検チェックシートを配布して、幅広く多くの方に知っていただくというような推進をしております。

　また、各種説明会に参加できない企業でも本取組を自主的に行うことができるように、試行会のホームページにも掲載しております。全国展開する場合には、全法連のホームページにも掲載することを予定しております。ぜひこれをご活用いただきまして、その企業の成長に役立てていただきたいというふうに考えております。

企業、税理士、国税当局のメリット

上西　本取組（企業の税務コンプライアンスの向上のための取組み）を通じて、内部統制の強化であるとか会計経理面での質的な向上を図るということでございますが、そのメリットについて、企業のお立場、また私のほうから税理士の立場、そして国税当局の立場から、内容を確認していきたいと思います。まず、企業にとってどのようなメリットがあるのでしょうか。

企 業 側

横山　本取組の検討を進めるにあたりまして、我々の内部委員会や、会員企業の声として、「一体どのようなメリットがあるのですか」ということをよく言われました。我々が説明しておりますのは、企業の内部統制面での強化、会計経理面での質の向上を図ることにより、第一に従業員の横領等内部不正の防止ということがあげられるという点であり、企業を運営していくうえにおいて、経営者の方はやはり色々な場面に遭遇していますから、これについてはご理解が得られているのではないかと思っています。

　第二には、企業内部の連絡ミスによる申告誤りの防止ということも実現するのではないかと考えております。税務申告にあたり、経理担当者に届く書類だけを見て、申告書の基となる帳簿等を作成するということが多いのかもしれません。いわゆる税務リスクは、現場からの連絡ミスによって生じることも多いわけです。この企業内部の連絡ミスによる申告誤りの防止といった

ことも、実現するのではないかということを説明しております。

　その上で、さらに税務の専門家であります税理士の適切な助言が加わって、一層適切な申告が期待され、内部統制面と会計経理面での質的向上が図られることによって、企業の健全な発展にも資するのではないかと考えております。

　「自主点検チェックシート」を利用して自主点検を行ったからといって実地調査を受けなくなるものではありません。ただ、本取組を通じて内部統制とか経理能力の水準が向上し、適正な申告が行われるようになれば、その結果として実地調査の対象から除かれるということも出てくるでしょう。さらに実地調査があった場合も、結果として調査における指摘事項の減少につながるということが期待できると思われます。

税理士側

上西 税理士の立場でのメリットについてですが、まずは税理士の本業というべき税務上の判断に多くの時間を割けるようになることです。自主点検チェックシートをご覧頂きたいのですが、『Ⅰ　社内体制』の「文書管理」の8番に、"注文書・納品書、請求書などの書類は一定の基準のもとに整理し保存されていますか"があります。この一項目だけでも非常に重要なものです。基本的な資料が適切な基準で保存され、かつ確認しやすいということは、決算申告または月次の試算表の作成の過程においても、私たちが本来、税理士として実施する仕事よりも前の段階のところにかける時間が減少されることになるからです。

　また、会計上の判断、税務上の判断によりエネルギーをかけることができるようになることから、先程も申し上げました経理水準の向上は、結果として決算と申告の内容・水準の向上につながることは明確です。

　自主点検チェックシートは、中小法人が自主的に企業内部で利用していただくものですが、新規に設立した法人の場合には私たちが自主点検チェックシートの内容を指導させていただくこともあると考えております。ある意味、

会社経理の入り口の段階のツールであるということもできます。私たち税理士は、各種の「業務チェックリスト」や「業務チェックシート」を申告前、申告時に利用していることが多いと思われます。例えば、国税庁および各国税局のホームページには、「相続税の申告のためのチェックシート」や「住宅取得等資金の非課税の特例適用チェック表」など、資産税分野における適用要件とか、手続き規定を明示したものを中心として掲載していただいております。また、各種のチェックリストを作成している税理士会もあります。私が所属しております近畿税理士会では、主要な実態規定等を点検項目とした、法人税用、所得税（事業）用、所得税（土地・建物・分離譲渡）用、消費税用、相続税用および贈与税用の業務チェックリストなどをホームページに掲載して会員に公開しています。

　今回の自主点検チェックシートが、経理の入り口段階、日常業務として使われることとなり、そして申告に関係する段階において現在使われております業務チェックリスト等を使うことによって、一貫して適正申告に向けたツールが整ったのではないかと感じているところでございます。

国税当局側

住倉　先ほど申し上げたとおり、国税当局としては、納税者の税務コンプライアンスの維持・向上を図っていくことが必要でありますので、本取組を通じて中小法人の税務コンプライアンスが向上し適正申告がなされるようになれば、国税庁の使命である『自発的な納税義務の履行を適正かつ円滑に実現する』に貢献することになるため、それ自体が我々のメリットになるわけです。先ほど上西先生からもお話があったとおり、自主点検チェックシートに書かれている項目は基本的かつ重要なことだと思います。これらの点検項目がクリアできることで申告水準の向上というものに間違いなく結びつくと思います。

　また、副次的なものではありますが本取組によって適正申告が確保されるようになれば、実地調査に必要な事務量というものを、脱税とかそういった

不正なことが発生しやすい分野などに、より重点的に投下できるようになるのではないかということも期待しているところでございます。

　税務行政に関する国際的な潮流でも、OECD等の国際会議の場におきまして、納税者のタックスコンプライアンスを確保する手法として、事後的な実地調査以外に、大規模法人に対しては信頼関係を構築するための取組みを採用するといったことを、奨励していこうという議論の流れがございます。また、中小法人につきましては、数も多く、信頼関係を構築するといった同じような手法を使えないということから、業界団体や会計事務所といった、中小法人のかわりに税務機能を担う方々に積極的に関与していただくことで、自発的にコンプライアンスが向上するのではないかという議論がなされているところでございます。

　こうした国際的な潮流にも沿うものとして、今回の本取組というものを評価しているところでありますが、とはいいましても、経理水準の向上による一番のメリットは当然、企業の方々にあるものと考えているところでございます。また、先ほど横山専務理事のほうから、自主点検チェックシートについて全法連のホームページに掲載される予定[4]であり、会員のみならず広く企業の方々に利用されるということでありますので、そういったことを通じて、さらに企業の方々のメリットが大きく広がることを期待しております。

自主点検チェックシートの使用方法

点検方法

上西　自主点検チェックシートの具体的な使い方ですが、まず自主点検の全体的な流れについて、横山専務理事からお聞かせいただきたいと思います。

横山　自主点検の全体的な流れですが、まずは、経営者が企業の点検担当者を指名していただきます。そこで指名された担当者が、この自主点検チェックシートに掲げたそれぞれの点検項目について、自分の企業の状況を確認し、クリアしているのであれば"○"、そうでなかったら"×"ということでチェックしていきます。その点検結果が"×"であった項目については、自

主点検チェックシートの後ろの「点検結果記入表」に、その内容を記入し、経営者に報告するということになります。

経営者は、報告された点検結果に基づき今後の「改善方針」などをご自身で記入し、各担当者に指示をすることになります。このような点検を何回か繰り返すことによって、自らの企業の内部統制とか経理能力の水準が向上していくことになります。

それぞれの点検項目の具体的な内容や、点検がどのように役立つのかということを確認したいときは、「自主点検ガイドブック」を参照していただきたいと思います。実際に、我々の内部の委員会でも、たとえば「売掛金の残高がマイナス。これはどういうことですか」(注:点検項目17) という質問がございました。それは自主点検ガイドブックに書いてあり、「こういうことが想定されます」と説明しますと、ご納得いただけました。

上西 この自主点検チェックシートによるチェックは、どのくらいの頻度で行うのが効果的とお考えでしょうか。

横山 当初、自主点検チェックシートには点検欄を12列分設けていたのですが、毎月やらなければいけないのかというイメージがありました。このため、4列に設定しなおしました。それから、何月何日という日にちも書いておりません。4列のイメージで「四半期に1回やるのですか」と聞かれる方もいらっしゃいますけれども、別に推奨しているというわけではありません。回数については、企業の売上げ規模とか経理体制など、個々の企業の事情において実施していただくということで、1年に1回というところもあれば、毎月、四半期ごとに1回というところもあろうかと思います。

また、退職など何らかの理由で経理担当者が交替するということも生じるかと思います。その際に内部統制が行き届かなくなったりすることもありますので、臨時的に実施することもあるのではと考えております。いずれにいたしましても、企業の実情に応じて自主点検の回数を決めていただくことが、内部統制の強化等を図るうえで非常に効果的であると考えております。

点検項目

上西 「点検項目」については、どのくらいの項目が用意されているのでしょうか。

横山 「社内体制」、「貸借関係の資産科目」、「貸借関係の負債・資本科目」、「損益関係」、「その他（消費税・印紙税）」と5つに分けて、83項目を取り上げております。

「社内体制」では、たとえば通帳・権利証等の適切な保管、通帳等と印鑑の別人管理といった適切な文書管理等を図るものが項目として挙げられています。「貸借関係の資産項目」では、手許現金と帳簿残高の照合、棚卸表の原始記録の保存、売掛債権等の回収遅延理由の把握といった資産項目の適切な管理を図るものが、「貸借関係の負債・資本科目」では、支払手形と発行控えとの照合、借入先に対する残高の確認といった負債・資本項目の適切な管理を図るものがあります。「損益関係」では、自社の売上・仕入計上基準に基づく帳簿計上の有無、それから値引き、割引、割戻し等の適正な処理といった損益関係の適正な処理を図るもの、「その他」には、消費税、印紙税にかかる処理がございます。

点検項目は多岐にわたっておりますので、たとえば預金と帳簿残高が不一致という場合には、その理由を解明することによって不明な入出金、あるいは帳簿の記載不備といったことが解消されるかと思います。このような積み重ねが、内部の不正等の防止などの内部統制面や、適正な帳簿の記載など会計経理面の向上に役立つことになると思います。

上西 項目によっては、企業によっては該当するものがないということも考えられます。そのような場合、どのように対応すればよろしいでしょうか。

横山 中小法人の経理に関しては、伝票を起票するものの記帳や総勘定元帳の作成は会計事務所に依頼しているところもあれば、すべて自社で行っているところもあり、その対応は様々であろうかと思っております。従いまして、企業によっては点検項目が自社に該当しない場合も想定されます。実際、試行をしてみて「当社にはそのようなものがない」ということも言われました。

そのような場合は、"ない"ということで結構です。

点検後の保管

上西 自主点検を行った後、自主点検チェックシートはどのように保管することが望ましいとお考えでしょうか。

横山 自主点検チェックシートは、あくまでも内部統制面とか会計経理面のチェックを自主的に行うためのもので、その結果は経理を行っていく上で重要なものです。このため、会計帳簿などとともに保管していただくことが望ましいのではないかと考えており、そのように勧めております。

上西 作成された自主点検チェックシートを、法人税の申告書に添付して税務署に提出することも考えられるのではないかという意見があるかもしれませんが。

住倉 本取組の自主点検チェックシートは、企業の皆さまが内部統制面や会計経理面のチェックを自主的に行うためのツールとして法人会が作成され、配布するものです。

　あくまでも企業の自主的な取組みですから、我々のほうから、申告書の提出に当たって、自主点検チェックシートの添付を求めるといったことは考えていません。

上西 実地調査の際に、記入された自主点検チェックシートを確認することは予定されているのでしょうか。

住倉 実地調査等に当たりましては、調査の冒頭に事業概況をお聞きするというのが通例でございます。その際、企業の税の認識や経理担当者の経理能力にも着目してお聞きしています。自主点検チェックシートを活用するかどうかは、企業の自主性に任されていると承知しておりますが、この自主点検チェックシートの内容を確認させていただくことによって、円滑に進行するものと考えられます。したがって、作成した自主点検チェックシートを実地調査等において確認させていただくこともありますので、その際には、ご理解とご協力をいただければと思っております。

現段階での課題

上西 自主点検チェックシートの活用にあたっての現段階での課題としてどのようなことがありますか。

横山 自主点検チェックシートを使って、実地調査間隔の延長を将来的に期待すると、先程申しました。ただ、課題点としては、実地調査を受けた際、自主点検チェックシートを行いましたといっても、その後も継続して自主点検していくかどうか、まだわかりません。

　最初は良いのかもしれませんが、もしかしたら段々と意欲がなくなってくるという気がしないわけでもないので、現在、こうした点について検討しているところです。

上西 「大企業の税務に関するコーポレートガバナンスの充実に向けた取組」と、この「自主点検チェックシート」が想定している中小法人との間には、いわゆる中堅企業が存在します。これらの企業に対する税務コンプライアンスの向上などの対応はどのように考えていますか。

住倉 本取組の対象の中小法人と特官所掌法人の大企業の間のいわゆる中堅企業は、税理士関与度合いの高い企業が多いと思われますので、税理士会と協力しながら検討していくべきゾーンではないかと考えております。

今後の取組み

取組の周知

上西 今後の取組みについてお伺いしたいと思います。本取組に関する今後の展開などについて、まず横山専務理事のほうからお聞かせいただきたいと思います。

横山 先程も申し上げましたが、現在4つの法人会で試行を実施していますが、総じて評判は良いようです。自主点検チェックシートの配布を行っている研修会の参加者の7割から8割ぐらいは企業の従業員の方、経理担当者の方と聞いておりますが、「いいものをもらった」という意見が非常に多いと

いうのが実態でございます。平成26年4月から全国的な取組みを実施することとなった場合には、引き続き積極的に実施していきたいと思っております。

現在、自主点検チェックシートの説明の対象は経理担当者であることが多いのですが、今後の課題としては、経営者に「本取組で作成した自主点検チェックシートを利用してください、企業の内部統制や経理能力の向上に繋がります」ということを、どのようにして理解していただくかであると思います。

また、全国展開する場合には、全法連や法人会のホームページで、本取組に関する広報・周知を行うほか、全国各地で開催している研修会等の場においても周知することが重要と考えます。周知については、日税連・国税当局に引き続き今後ともご協力をお願いしたいと考えているところです。

上西 税理士会も、推進・協力体制で取り組んでいるところでございます。平成26年2月3日に日税連のホームページにおきまして、中小法人のための「自主点検チェックシート」と「自主点検ガイドブック」が作成され、公表されていることをお知らせしました。そして、税理士会もその趣旨に賛同し、税理士の視点から当該チェックシート等の監修を行いましたことも示しております。その翌日平成26年2月4日付けで、日本税理士会連合会会長名で、単位税理士会の会長宛てに周知依頼の文書を出しました。そのなかでは、「当該チェックシートは税理士が作成するものではありませんが、このような取組みが行われることについて予め税理士会員への周知が必要だと考えられます」として、各単位会においてホームページ・会報等を通じて周知いただきたいという趣旨を示しているところでございます。

私の属しております近畿税理士会では、平成26年2月10日付けでホームページにその内容について公表させていただいており、他の単位会においても同様でございます。

私自身が講師として行う認定研修でも自主点検チェックシートを積極的に紹介していきますし、各税理士会で講師を引き受けている方たちに、「自主

点検チェックシートを資料として付けていただきたい」とか「10 分、20 分でもいいから冒頭もしくは最後に紹介してもらいたい」旨は、随時申し上げていきます。

住倉 先程も申し上げましたが、本取組の趣旨は企業が自主的に点検を行って自らの内部統制面や会計経理面の質的向上を通じて、税務コンプライアンスを向上させるというものです。これはまさに国税庁の使命である、納税者の自発的な納税義務の履行を適正かつ円滑に実現するといった使命にも合致しておりますことから、国税庁としても本取組を後押しすることとしております。

具体的に申しますと、各種説明会で講師として派遣されている税務署職員が本取組の利点を説明したり、税務署の職員に対して周知したりと、積極的に対応してまいりたいと考えているところでございます。

今後の改訂

上西 今後、本取組を実施していく過程において、自主点検チェックシートの改訂についてお伺いしたいと思います。現在、自主点検チェックシートは平成 26 年 1 月版となっておりますけれども、今後のご予定についてお聞かせいただきたいと思います。

横山 自主点検チェックシートの改訂ですが、実際、作成するときに様々な意見が交わされまして、83 項目になりました。ただ、実際に自主点検チェックシートを使用していく過程において、今後、追加とか削除する項目等が出てくることも予想されます。実際の取組みを行った方々の意見を十分に取り入れながら、更なる改善を図っていきたいと考えています。

今回のこの自主点検チェックシートは、経理担当者が 1 名の法人を念頭に置いておりますが、中小法人については経理組織が一定程度確立している企業もあれば、代表者が経理事務も行っている企業もあるなど、様々な形態がありますので、本取組を実施していくなかで、これらの企業にも対応していきたいと考えています。

最後に

上西 最後に、本年(注:平成26年)4月からの本取組の開始に向けて、法人会様からの意気込みについてお願いしたいと思います。

横山 適正な申告・納税の推進については、申告納税制度への移行後60年以上経過した今日、未だ大きな課題であると考えています。今回、中小法人の税務コンプライアンスの維持・向上の観点から、法人会では税務当局と連携し、また税理士会のご協力も得ながら、この内部統制の強化、経理水準の向上を目的とする事業に新たに取り組むことを検討しております。

　中小法人の場合、企業内部の各種規定やマニュアルなど、必ずしも十分ではないと考えております。また、人材面でも十分な人材を確保できるとはいえない状況です。しかしながら、今回の試みを実施することにより、それぞれの企業が内部統制面での問題点とか経理面での弱点を把握し、経営者がその改善を行っていけば、企業の体質が強化され、結果的に税務リスクの軽減、企業の成長にも役立つものと考えております。　実際にこのような説明を行い、内部統制の結果が企業の成長に非常に大きく寄与するのではないかということが、試行段階での説明会、あるいは役員会での説明会のなかで非常に理解を得ています。

　ただ、中小法人の多くが同族会社で、仮に経営者自身が自主点検の結果を蔑ろにするとか、無視するということであるならば、コンプライアンスの効きようはないということになります。

　重要なことは、コンプライアンスに対する経営者の真摯な姿勢と理解です。昨今の新聞等でも、様々なコンプライアンスを巡る事件が報道されており、経営者のコンプライアンスに対する姿勢と理解が極めて重要な要素であります。経営者自身の意識改革を図って、率先して内部統制の強化に努める必要があるのではないかと考えております。

　法人会では、本取組を積極的に展開していくことを検討しておりますが、地域によっては研修会の開催が少ないところもあり、直ちに本取組の実施の

効果が出てくるというのは難しい面があるのではないかと考えております。ただ、e-Tax も最初は、なかなか理解が得られませんでしたが、今日では相当普及しています。本取組も息の長い運動として実施することにより、税を通じて国家・社会に貢献するという法人会の目的や役割を達成できるよう、引き続き頑張っていきたいと考えております。

　上西　では、本日はどうも長時間にわたりありがとうございました。

1　平成 24 事務年度末の青色申告法人数は 263 万 9,633 件で、全法人数の 88.4 ％（国税庁第 62 回事務年報参照）
2　実地調査件数 9 万 3 千件で非違があった件数 6 万 8 千件、そのうち不正計算があった件数 1 万 7 千件（税務通信№3286）
3　平成 22 年度中小企業の会計に関する実態調査事業集計・分析結果（中小企業庁）
4　現在、自主点検チェックシート、自主点検ガイドブックの両方が全法連のホームページに掲載されている
　全法連 HP　http://www.zenkokuhojinkai.or.jp/
　日税連 HP　http://www.nichizeiren.or.jp/
　納税協会 HP　http://www.nouzeikyokai.or.jp/

著者プロフィール

上西　左大信（うえにし　さだいじん）

上西左大信税理士事務所　所長

日本税理士会連合会
　　調査研究部長、税制審議会専門委員
政府税制調査会特別委員
法制審議会民法（相続関係）部会委員（以上、現任）
税理士試験（第61回・第62回・第63回）試験委員ほか

「マイナンバー制度　企業のための実務対策」税務研究会　平成27年
「税理士とその顧問先が気を付けたい　マイナンバー取扱いの実務」監修　税務研究会　平成27年
「経営に役立つ　中小企業会計要領の実務対応」監修　ぎょうせい　平成24年　ほか

後藤　敬介（ごとう　けいすけ）

後藤敬介税理士事務所　所長
日本経済大学　講師

武智　寛幸（たけち　ひろゆき）

武智寛幸税理士事務所　所長

平成 23 年 7 月～　近畿税理士会　調査研究部　部員

「消費税率アップ経過措置完全ガイド」共著　中央経済社　平成 25 年
「中小企業の会計に関する指針ガイドブック」共著　清文社　平成 25 年

友松　悦子（ともまつ　えつこ）

友松悦子税理士事務所　所長

平成 27 年 7 月～　近畿税理士会　業務対策部　部員
平成 25 年 7 月～　近畿税理士会　広報部　部員
平成 23 年 7 月～　近畿税理士会　調査研究部　部員

「税理士がサポートする　事業承継マップ」中央経済社　平成 27 年
「中小企業の会計に関する指針ガイドブック」共著　清文社　平成 25 年
「経営に役立つ　中小企業会計要領の実務対応」共著　ぎょうせい　平成 24 年

西村　智子（にしむら　さとこ）

西村智子税理士事務所・西村公認会計士事務所　所長

平成 27 年 7 月～近畿税理士会広報部　副部長
平成 25 年 7 月～近畿税理士会広報部　部員

野村　秀次郎（のむら　ひでじろう）

　野村秀次郎税理士事務所　所長

　平成25年7月～　近畿税理士会　業務対策部　部長
　平成23年7月～　近畿税理士会　会務制度委員会　委員

藤田　隆大（ふじた　たかひろ）

　税理士・公認会計士藤田隆大事務所　所長

　平成23年7月～　近畿税理士会　調査研究部　部員

「中小企業の会計に関する指針ガイドブック」共著　清文社　平成25年
「経営に役立つ　中小企業会計要領の実務対応」共著　ぎょうせい　平成24年

本書の内容に関するご質問は，なるべくファクシミリ等，文書で編集部宛にお願いいたします。(fax 03-3233-0502)
なお，個別のご相談は受け付けておりません。

本書刊行後に追加・修正事項がある場合は，随時，当社のホームページ（http://www.zeiken.co.jp「書籍」をクリック）にてお知らせいたします。

➡ 税務研究会　書籍訂正 と検索してください。

自主点検チェックシートの完全ガイド

平成27年12月10日　初版第1刷印刷
平成27年12月15日　初版第1刷発行

（著者承認検印省略）

Ⓒ　編著者　　上　西　左大信
　　著　者　　後　藤　敬　介
　　　　　　　武　智　寛　幸
　　　　　　　友　松　悦　子
　　　　　　　西　村　智　子
　　　　　　　野　村　秀次郎
　　　　　　　藤　田　隆　大

　　発行所　　税務研究会出版局
　　　　　　　代表者　藤原紘一

郵便番号101-0065
東京都千代田区西神田1-1-3（税研ビル）
振替00160-3-76223

電話〔書籍編集〕03（3294）4831〜2
　　〔書店専用〕03（3294）4803
　　〔書籍注文〕03（3294）4741
　　（お客さまサービスセンター）

● 各事業所　電話番号一覧 ●

北海道　011（221）8348　　中　部　052（261）0381　　九　州　092（721）0644
東　北　022（222）3858　　関　西　06（6943）2251　　神奈川　045（263）2822
関　信　048（647）5544　　中　国　082（243）3720　　研修センター　03（5298）5491

http://www.zeiken.co.jp

乱丁・落丁の場合は，お取替え致します。　　印刷・製本　藤原印刷

ISBN 978-4-7931-2164-7